AF298735

CINQUIÈME CONGRÈS

DES

JARDINS OUVRIERS

tenu à Paris, les 5, 6 et 7 Novembre 1920

COMPTE-RENDU

RÉDIGÉ SOUS LA DIRECTION

de M. l'Abbé LEMIRE, Député

AVEC LA COLLABORATION

de MM. LEROY et AVRIL, Secrétaires des séances

PARIS

BUREAUX DE LA LIGUE DU COIN DE TERRE ET DU FOYER 26, Rue Lhomond (V°)	**LIBRAIRIE** DES SCIENCES POLITIQUES & SOCIALES MARCEL RIVIÈRE 31, rue Jacob et 1, rue St-Benoît (VI°)

1922

BIBLIOTHÈQUE DE LA LIGUE DU COIN DE TERRE ET DU FOYER

On trouve au Siège Social de la Ligue, à Paris, 26, rue Lhomond, les documents et ouvrages suivants :

La Ligue Française du Coin de Terre et du Foyer. Notice.

Statuts de la Ligue.

Bulletin de la Ligue du Coin de Terre et du Foyer.

Abonnement : France 5 fr. — Étranger 8 fr.

Le service du *Bulletin* est fait gratuitement à toute personne qui verse une cotisation annuelle de 20 francs soit à la Ligue soit à la Société de Paris et Banlieue.

	Pris au bureau :	par poste
Collection du Bulletin depuis 1898.		
le Numéro	0 fr. 50	0 fr. 55
1ᵉʳ Congrès National 1903.		
Compte-rendu	5 fr. »	6 fr. 25
Tirage à part du Rapport de M. Louis Rivière	1 fr. 50	2 fr. 25
2ᵐᵉ Congrès National 1906.		
Compte-rendu	5 fr. »	6 fr. 25
Tirage à part du Rapport de M. R. Georges-Picot	1 fr. 50	2 fr. 25
3ᵐᵉ Congrès National 1909.		
Compte-rendu	5 fr. »	6 fr. 25
4ᵐᵉ Congrès National 1912.		
Compte-rendu	4 fr. »	5 fr. 25
5ᵐᵉ Congrès National 1920.		
Compte-rendu	5 fr. »	6 fr. 25

La Terre et l'Atelier. M. Louis Rivière .	3 fr. »	4 fr. 25
Les Jardins Ouvriers de France et le Terrianisme. M. Paul Bacquet	4 fr. »	5 fr. 25
Pourquoi créer des Jardins Ouvriers? M. Louis Rivière	0 fr. 10	0 fr. 15
Petit Manuel pratique de culture potagère. M. J. Curé	0 fr. 50	0 fr. 65

LA ROCHE-SUR-YON. — IMPRIMERIE CENTRALE DE L'OUEST

CINQUIÈME CONGRÈS

DES

JARDINS OUVRIERS

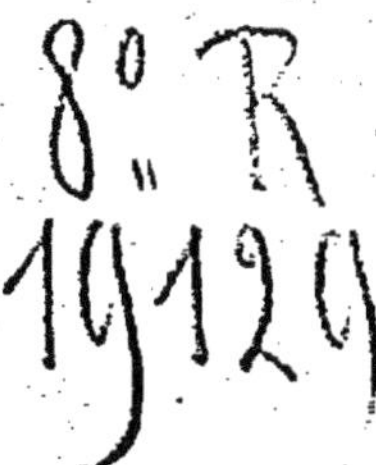

CINQUIÈME CONGRÈS

DES

JARDINS OUVRIERS

tenu à Paris, les 5, 6 et 7 Novembre 1920

COMPTE-RENDU

RÉDIGÉ SOUS LA DIRECTION

de M. l'Abbé LEMIRE, Député

AVEC LA COLLABORATION

de MM. LEROY et AVRIL, Secrétaires des séances

PARIS

BUREAUX
DE LA LIGUE DU COIN DE TERRE
ET DU FOYER
26, Rue Lhomond (V*)

LIBRAIRIE
DES SCIENCES POLITIQUES & SOCIALES
MARCEL RIVIÈRE
31, rue Jacob et 1, rue St-Benoît (VI*)

1922

CINQUIÈME CONGRÈS

DES

JARDINS OUVRIERS

———

Paris, 5, 6, 7 novembre 1920.

Paris, le 15 août 1920.
26, rue Lhomond.

MONSIEUR LE DIRECTEUR,

Le Cinquième Congrès National des Jardins Ouvriers, qui se tiendra les 5, 6 et 7 novembre prochain à Paris (Musée Social, 5, rue Las-Cases) sera, comme en 1903, 1906, 1909 et 1912, l'occasion d'une revue des œuvres de Jardins Ouvriers. Il permettra d'en faire exactement la statistique au lendemain de la guerre. Quels que soient le caractère, l'origine et le fonctionnement de ces œuvres, elles ont toutes intérêt à être connues pour que leur exemple puisse être imité.

Nous vous invitons donc instamment à adhérer au présent Congrès, et nous vous serions reconnaissants de vouloir bien répondre au questionnaire ci-inclus, le plus tôt possible.

De la sorte, les renseignements seront utilisés pour le Rapport général.

Agréez, Monsieur le Directeur, nos dévoués sentiments,

LA COMMISSION D'INITIATIVE :

Abbé LEMIRE
Président de la Ligue
du Coin de Terre et du Foyer

Louis RIVIÈRE
Vice-Président de la Société d'Economie
Sociale et de la Ligue du Coin
de Terre et du Foyer.

R. GEORGES-PICOT
Avocat à la Cour d'Appel de Paris
Secrétaire général de la Ligue
du Coin de Terre et du Foyer.

JEAN LEROY
Secrétaire de la Rédaction
de la Revue :
Le Coin de Terre et le Foyer.

QUESTIONNAIRE

PREMIÈRE QUESTION

L'œuvre des Jardins ouvriers pendant la guerre, à l'arrière, au front. — Jardins militaires. — Statistique et situation générale.

Jardins ouvriers de.....

I. — A quelle date ont-ils été fondés?
Par qui?
Par qui sont-ils dirigés actuellement?
Combien de groupes?
Leur superficie totale en hectares et ares?
Combien de jardins au total?
Superficie moyenne de chacun?

II. — *A*) Quelle est la forme statutaire de l'œuvre?

a) Est-elle une œuvre annexée à une autre institution?
à une conférence de S. V. P?
à un bureau de bienfaisance?
à une commune?

b) Est-elle une association distincte (loi de 1901)?
une association déclarée?
une coopérative?
une association (loi de 1909)?

c) Est-elle affiliée à la Ligue du Coin de Terre et du Foyer?

B) Quelles sont les conditions de jouissance?
L'œuvre est-elle propriétaire?
A-t-elle un bail?
Le jardin est-il payant?
Est-il gratuit?

III. — Y a-t-il des œuvres annexes?
Mutualité maternelle?
Cours de ménage?
Coopérative d'achats?

IV. — L'œuvre a-t-elle pu s'occuper de jardins militaires pen-
    dant la guerre ?

    Résultats obtenus ?

    Avez-vous connaissance de jardins militaires orga-
    nisés dans votre région ?

    Où et par qui ?

    Ces œuvres existent-elles encore ?

DEUXIÈME QUESTION

Les Jardins ouvriers et la décongestion des villes

Comment la question des transports a-t-elle été résolue dans votre région ?

Les Compagnies de chemins de fer ou de tramways n'ont-elles songé qu'à faciliter à l'ouvrier l'accès du centre urbain ?

Ont-elles au contraire pensé à faciliter son exode ?

De quelle façon ? { Trains ouvriers ? Billets à prix réduit au départ de l'agglomération ?

1º Trains. — Comment le service des trains ouvriers est-il
    organisé ?

    Observations à présenter.

    Projets de réforme à signaler.

2º Tarifs. — Billets et abonnements pour famille de jardi-
    nier.

    La question a-t-elle été examinée ?

    Avez-vous quelque fait à signaler ou quelque
    idée à suggérer ?

TROISIÈME QUESTION

Les Jardins ouvriers et la Loi de Huit Heures

I. — Comment la loi de 8 heures a-t-elle été généralement
    appliquée dans votre région ?

II. — Comment l'ouvrier occupe-t-il les loisirs nouveaux
    qu'elle lui donne ?

Efforts réalisés en ce sens : Sociétés sportives?
Cercles d'études?
Universités populaires?
Cabinets de lecture?
Jardins ouvriers?

III. — Action des « Huit Heures » sur la culture et la tenue des jardins.

Avez-vous pu étendre la superficie des nouveaux jardins que vous concédez de façon à répondre aux loisirs plus grands des jardiniers?

Remarquez-vous que les jardins soient mieux cultivés, que vos jardiniers y passent plus de temps depuis la réduction de leur journée de travail?

QUATRIÈME QUESTION

Les Jardins ouvriers et la « Vie chère »

Le premier remède à la vie chère est d'habituer chacun à produire le plus possible ce qu'il consomme.

Qu'avez-vous fait pour répandre cette notion et montrer le rôle du Jardin ouvrier devant la cherté croissante de la vie?

I. — Jardin ouvrier et basse-cour.

Vos jardiniers ont-ils un volailler?
un clapier?
un rucher?
Produit de ces diverses formes d'élevage?

II. — Jardin ouvrier et culture.

Diverses cultures. Quelles sont celles que vous recommandez le plus particulièrement?
Quelles sont celles que l'ouvrier préfère?
Produit comparé des diverses cultures?

III. — Economie ménagère.

Les jardiniers tiennent-ils un compte des produits du jardin?
Ont-ils soin de noter les cours du jour sur le marché local?
Valeur des produits du jardin aux cours actuels.
Donner si possible le compte détaillé des produits d'un jardin relevé sur le livre d'un jardinier.

QUESTIONNAIRE SPÉCIAL

ADRESSÉ

AUX ŒUVRES DES RÉGIONS ENVAHIES

I. — Quelle a été l'influence de l'occupation ennemie sur les Jardins ouvriers?

II. — Les jardins fondés avant la guerre ont-ils subi des transformations?
Ont-ils été encouragés, cultivés?

III. — De nouveaux jardins ont-ils été créés pendant l'occupation dans votre région :
Par l'initiative privée?
Par les Municipalités?
Par les Allemands?
Indiquer le nombre.

IV. — Les jardins créés pendant l'occupation ont-ils tous disparu?

CINQUIÈME CONGRÈS DES JARDINS OUVRIERS

Paris, les 5, 6, et 7 novembre 1920

Organisation générale.

Objet du Congrès. — Tout ce qui concerne l'œuvre des Jardins ouvriers et spécialement les questions portées au programme.

Date du Congrès. — Il se tiendra les vendredi 5, samedi 6 et dimanche 7 novembre 1920.

Lieu des séances. — A Paris, dans la grande salle du Musée Social, 5, rue Las-Cases, rive gauche, à proximité du pont de la Concorde et à deux pas du Nord-Sud (Station Solférino).

Horaire des séances. — Le Congrès comporte cinq séances, toutes générales :

1re Séance d'ouverture : le vendredi 5 novembre, à 4 h. 1/2.
2e Séance : le samedi 6 novembre à 9 heures du matin.
3e Séance : le même jour à 4 h. 1/2.
4e Séance : le dimanche 7 novembre, à 9 heures du matin.
5e Séance de clôture : le même jour à 3 heures.

Présidents. — Les séances seront présidées par des notabilités françaises amies des Jardins ouvriers.

Dispositions matérielles.

Voyage. — Le Comité d'initiative a demandé aux Compagnies de chemins de fer quel tarif de faveur elles seraient disposées à accorder aux congressistes. Celles-ci ont répondu qu'elles ne pouvaient accorder de réduction de tarif, mais qu'elles étaient disposées à prolonger du 2 au 10 les billets d'aller et retour.

Dans le cas où vous auriez le désir de profiter de cette faveur, vous devriez avoir soin de nous indiquer la date et la gare de départ ainsi que le parcours que vous vous proposez de suivre.

Passé le 15 octobre, les listes seront adressées aux Compagnies et aucune nouvelle demande ne pourra être admise.

La cotisation est de 5 francs pour tous les adhérents au Congrès. L'adhésion donne le droit de recevoir toutes les publications concernant le congrès, à l'exception du compte-rendu complet, qui ne sera adressé que sur demande et moyennant un supplément de cotisation de 5 francs.

Les adhésions sont reçues 26, rue Lhomond, Paris-V°. — Il suffira de remplir et d'envoyer à cette adresse le bulletin qui accompagne le questionnaire détaillé que nous donnons plus haut et qui sera adressé à toutes les œuvres et à quiconque en fera la demande.

Travaux du Congrès.

Chacune des séances du Congrès sera consacrée à l'examen d'une question spéciale (voir le programme).

Un rapport sera préparé pour chaque séance et suivi d'une discussion.

Le concours de toutes les œuvres est sollicité :

1° *Pour l'organisation du Congrès* et pour le recrutement des adhérents ;

2° *Pour les Rapports :* un questionnaire est envoyé à tous les adhérents ; on est prié d'y répondre au plus tôt et le plus complètement possible, afin que les rapporteurs puissent tenir compte des réponses faites ;

3° *Pour les vues, plans, photographies,* qui seront utilisés pour orner la salle des séances, qui servira de salle d'exposition pendant toute la durée du Congrès. Nous insistons pour obtenir des diverses œuvres des photographies originales, en vue de composer une belle collection de cartes postales des Jardins ouvriers de France.

HORAIRE ET PROGRAMME
DU CONGRÈS

Vendredi 5 novembre.

Séance d'ouverture, à 4 h. 1/2.

Président : S. G. Mgr JULIEN, évêque d'Arras :
Les Jardins ouvriers pendant la guerre. — Jardins militaires. — Jardins des Pays envahis. — Situation générale de l'œuvre.

Rapporteur : M. DROULERS, industriel à Roubaix.

Samedi 6 novembre.

Deuxième Séance, à 9 heures du matin.

Président : M. NOBLEMAIRE, député des Hautes-Alpes.
Les Jardins ouvriers et la Décongestion des Villes.
Rapporteur : M. DUVAL-ARNOULD, député de la Seine, conseiller municipal de Paris.

Troisième Séance, à 4 h. 1/2.

Président : M. ISAAC, Ministre du Commerce.
Les Jardins ouvriers et la Loi de Huit Heures.
Rapporteur : M. DUPONT, Directeur des Docks-entrepôts du Hâvre.

Dimanche 7 novembre.

Quatrième Séance, à 9 heures du matin.

Président : M. RICARD, Ministre de l'Agriculture :
Les Jardins ouvriers et la Vie chère.

Rapporteur : M. Ch. Dumur, secrétaire du Syndicat des Maraîchers-primeuristes de la Région parisienne.

Séance de clôture, à 3 heures.

Présidence de M. Raymond Poincaré, ancien Président de la République.
Résumé des travaux du Congrès par M. R. Georges Picot.
Discours de M. le Président.

COMMUNICATIONS, RENSEIGNEMENTS ET ADHÉSIONS

*Pour tout ce qui concerne le Congrès, on est prié de s'adresser à M. le Secrétaire général de la Ligue du Coin de Terre et du Foyer, 26, rue Lhomond, Paris-V*e.

CINQUIÈME CONGRÈS DES JARDINS OUVRIERS

PARIS — Grande Salle du Musée Social, 5, rue Las-Cases — PARIS
5, 6, et 7 NOVEMBRE 1920

BULLETIN D'ADHÉSION

Je soussigné (bien lisiblement)

Nom et prénoms ....

Profession ....

Domicile (adresse exacte) ....

déclare m'inscrire comme adhérent au Congrès des Jardins Ouvriers des 5, 6 et 7 novembre 1920 et envoie
sous ce pli la somme de **5 francs**, *montant de ma cotisation.*

Fait à ...., *le* .... *1920.*

(Signature).

Liste des Adhérents au Congrès

A

Agache, 12, rue du Vieux-Faubourg, Lille (Nord).

Aiguier (Joseph), industriel, 81, rue de La Palud, Marseille (Bouches-du-Rhône).

Andrieux (Jean), 35 *ter*, rue de Vitry, Choisy-le-Roi (Seine).

Arbelet (Paul), professeur au Lycée Condorcet, 2, place du Palais-Bourbon, Paris-VIIe.

Arbelet (Pierre), inspecteur au Contentieux de la Cie du Nord, 9, rue Ambroise-Paré, Paris-X^e.

Arbelet (Mlle Suzanne), 72, rue du Cherche-Midi, Paris-VIe.

Arnould (Eugène), villa Viorna, Cannes (Alpes-Maritimes).

Audollent, doyen de la Faculté des Lettres, 2, rue de l'Oradoux, Clermont-Ferrand (Puy-de-Dôme).

B

Bacquet (Paul), avocat, 57, boulevard Mariette, Boulogne-sur-Mer (Pas-de-Calais).

Ballenghien (Dr Arthur), 63, rue de la Fosse aux Chênes, Roubaix (Nord).

Barbier, à Maubeuge (Nord).

Bardonneau (Lucien), 22, rue Charles-Emmanuel, Asnières (Seine).

Bauchet-Dufour, maire de Boulogne-sur-Mer (Pas-de-Calais).

Bauret (Paul), industriel, 15, avenue Bosquet, Paris-VIIe.

Beheydt (Abbé), curé de Wallon-Cappel (Nord).

Beraud, 94, rue Lamarck, Paris-XVIIIe

Berenger (Mme Alfred), 217, Fg Saint-Honoré, Paris-VIIIe

Bersez (Paul), sénateur du Nord, 48, rue du Faubourg Saint-Honoré, Paris-VIIIe.

BERTINOT (Charles), ancien président de la Chambre des avoués, 3, avenue du Coq, Paris-VIIIᵉ.

BERTRAND (Nicolas), instituteur en retraite, 72, rue de Rennes, Paris-VIᵉ.

BESANÇON (Dr Paul), 51, rue Miromesnil, Paris-VIIIᵉ.

BESNARD (Gustave), 34, boulevard Chasles, à Chartres (Eure-et-Loir).

BEULENS (Georges), 45, rue de Paris, Presles (Seine-et-Oise).

BIROT (Abbé), archiprêtre de la Cathédrale d'Albi, 6, rue du Pigné, Albi (Tarn).

BLAIS-MOUSSERON (Jean), industriel, 62, rue Spontini, Paris-XVIᵉ.

BLANC (Arthur), à Bréchamps, par Nogent-le-Roi (Eure-et-Loir).

BOCH (Charles), 11, rue de la Duquennière, Croix (Nord).

BOIDIN (Auguste), chimiste, à Seclin (Nord).

BONNAIRE (Arthur), directeur d'école, 11, rue Robert, Beauvais (Oise).

BONNAURE (Paul), Château des Grimarets, à Romanèche-Thorins (Saône-et-Loire).

BONNEQUIN (Jules), 38, rue de la Goutte-d'Or, Paris-XVIIIᵉ.

BOUCHER (Commandant), 2, rue de Lafond, La Rochelle (Charente-Infʳᵉ).

BOUCHER (Georges), 21, rue Desaix, Le Mans (Sarthe).

BOUR (Alfred), avocat à la Cour d'Appel, 40, rue de Liège, Paris-IXᵉ.

BOYER (Mme), à Fouesnant (Finistère).

BRIEUX, de l'Académie Française, 26, rue Victor Massé, Paris-IXᵉ.

BUFNOIR (Mme R.), 203, boulevard Saint-Germain, Paris-VIIᵉ.

BURGUBURU (Dr Pierre), conseiller de l'Inspection du travail d'Alsace-Lorraine, 4, rue Ehrmann, Strasbourg.

BURLUREAUX (Dr), 72, rue de Lille, Paris-VIIᵉ.

BURLUREAUX (Mme), 72, rue de Lille, Paris-VIIᵉ.

C

CACHEUX (Emile) (Comité de Patronage des habitations à bon marché), 25, quai Saint-Michel, Paris-Vᵉ.

CAFFIAUX (Félix), horticulteur, à Maubeuge (Nord).

CAGNET (Mlle), 6, rue Cadix, Paris-XVᵉ.

CANETTEMONT (Comtesse DE), 6, avenue Constant Coquelin, Paris-VIIᵉ.

CAPPELLE (Mme Marguerite), 8, avenue Constant Coquelin, Paris-VIIᵉ.

† Cardane (Mme), inspectrice des Œuvres subventionnées par la Ville de Paris, 110, rue de Richelieu, Paris-IIe.

Carmichael (R. S.), industriel, 4, rue St-Florentin, Paris-VIIIe.

Cazalet (Charles), 8, rue Régnier, Bordeaux (Gironde).

Cessat (E.), route d'Aizenay, La Roche-sur-Yon (Vendée).

Changeux (Mme), 62, boulevard Lundy, Reims (Marne).

Chapelain (Paul), 3, avenue Alfred Lesieur, Pantin (Seine).

Chaumet, 12, place Vendôme, Paris-Ier.

Chevalier (Mlle Louise), 4, rue de Londres, Paris-IXe.

Chevassu (Hyppolyte), Kerbihan, à Hennebont (Morbihan).

Cirot (Charles), rue Aupick, Gravelines (Nord).

Clair (Maurice), avocat à la Cour d'Appel, 3, rue Boissonade, Paris-XIVe.

Clairin (Mme Thérésa), 6 *bis*, rue de l'Abbaye, Paris-VIe.

Clouet, 139, rue George-Sand, Tours (Indre-et-Loire).

Coffin (Dr Ernest), 198, rue Saint-Jacques, Paris-Ve.

Coffin (Mme Ernest), 198, rue Saint-Jacques, Paris-Ve.

Coffin (Jean), 198, rue Saint-Jacques, Paris-Ve.

Coffin (Dr Maurice), 32, rue Lacépède, Paris-Ve.

Coffin (Mme Maurice), 32, rue Lacépède, Paris-Ve,

Collet (Edouard), 9, place du Nouvel Hôtel-de-Ville, Calais (Pas-de-Calais).

Collette (Albert), notaire, à Seclin (Nord).

Compagnie de Fives-Lille, 7, rue Montalivet, ParisVIIIe.

Compagnie des mines, fonderies et forges d'Alais, 53, rue de Châteaudun, Paris-IXe.

Compagnie générale des omnibus, 53 *ter*, quai des Grands-Augustins, Paris-VIe.

Coquelle (Félix), conseiller général du Nord, maire de Rosendael (Nord).

Coquelle (Abbé Georges), curé de Saint-Antoine de Padoue, 25, rue de Constantine, Calais (Pas-de-Calais).

Courbe (Abbé), 121 *bis*, avenue du Président Wilson, Choisy-le-Roi (Seine).

Craeye (Prosper), 53 *bis*, avenue de Gravelle, Charenton (Seine).

Cretté (Jean-Joseph), 16, rue Raspail, Ivry (Seine).

D

Damoiseau (Pierre-Jean), avoué, 105, boulevard de Strasbourg, Le Havre (Seine-Inférieure).

Dansin (Mme), 42, rue de Grenelle, Paris-VIIe.
David (Mlle Gabrielle), 25, rue du Rivage, Hazebrouck (Nord).
David (Mlle Alice), 25, rue du Rivage, Hazebrouck (Nord).
David (Mlle Marie), Les Sapins, Combourg (Ille-et-Villaine).
Decreton (Dr Gaston), 28, rue des Belles-Feuilles, Paris-XVIe.
Delegrange (D^r), 61, rue de Gand, Tourcoing (Nord).
Delerue (Abbé), curé du Grand-Montrouge, 9, rue Edgar
    Quinet, Montrouge (Seine).
Delille (Ernest), architecte en chef des Mines de Dourges, à
    Hénin-Liétard (Pas-de-Calais).
Delloue (Mme Frédéric), 208, rue Jean Jaurès, Croix (Nord).
Delperier (Abbé Ferdinand), sous-directeur de l'Ecole Ger-
    son, 31, rue de la Pompe, Paris-XVIe.
Demeunynck (Léon), contrôleur général de l'Administration
    de l'armée du cadre de réserve, 8, place de Breteuil,
    Paris-XVe.
Demolon (J.), conseiller général du Nord, à Cambrai (Nord).
Denis (Dr Maurice), 4, rue d'Alsace-Lorraine, Orléans (Loiret).
Depaeuw (Néry), 190, rue Daubenton, Roubaix (Nord).
Depinay, membre du Conseil Supérieur des Habitations à bon
    marché, 153, boulevard Haussmann, Paris-VIIIe.
Desmarquest (Abbé Pierre), professeur au Grand Séminaire
    d'Amiens, 61, rue Saint-Fuscien, Amiens (Somme).
Desormeaux (A.), directeur du Petit Journal Agricole, 106,
    boulevard National, Clichy (Seine).
Deviolaine, président de la Société d'Horticulture de Soissons
    (Aisne).
Devin (Mme P.), 16, rue de Nassau, Sedan (Ardennes).
Devos (Abbé Henri), professeur, 8, place Carnot, Charleville
    (Ardennes).
Dewavrin (Fernand), industriel, 24, rue Chanzy, Tourcoing
    (Nord).
Dewisme (Mlle Gabrielle), 58, rue du Montparnasse, Paris-XIVe.
Dewisme (Mlle Marguerite), 58, rue du Montparnasse, Pa-
    ris-XIVe.
Dietrich (Lucien), 13, rue du Général Galliéni, Versailles
    (Seine-et-Oise).
Dimnet (Abbé Ernest), professeur au Collège Stanislas, 22,
    rue Notre-Dame-des-Champs, Paris-VIe.
Direz, 30, rue Emile Zola, Asnières (Seine).
Dodanthun (Alfred), docteur en Droit, 30, rue Barthélemy
    Delespaul, Lille (Nord).

DOERZAPFF (Mlle Suzanne), 55 *bis*, avenue de Gravelle, Charenton (Seine).

DORMONT (Mlle Gabrielle), professeur d'Enseignement ménager, 45, rue Berthier, Versailles (Seine-et-Oise).

DRIEUX (Abbé Elie), professeur, 111, rue de Lille, Tourcoing (Nord).

DROULERS (Charles), 12 *bis*, avenue Bosquet, Paris-VIIe.

DUBAS (Fernand), notaire, rue de Parisis, Dreux (Eure-et-Loir).

DUCROCQ (Maxime), notaire, 64, boulevard de la Liberté, Lille (Nord).

DUFLOT (Emile), 3, rue Pelletan, Alfortville (Seine).

DUFOUR (Armand), 42, rue Victor Hugo, Alfortville (Seine).

DUMERIL (Paul Constant), ancien magistrat, 41, rue de la Paroisse, Versailles (Seine-et-Oise).

DUMUR (Charles), secrétaire du Syndicat des Maraîchers de la Région Parisienne, 21, rue du Landy, Clichy (Seine).

DUPONT, directeur des Docks-entrepôts, 12, quai de Marseille, Le Havre (Seine-Inférieure).

DURIEZ (Joseph), notaire, 7, rue de l'Hospice, Calais (Pas-de-Calais).

DUVAL (Jean-Arthur), 30, rue Louis Rolland, Montrouge (Seine).

DUVAL-ARNOULD, député de la Seine, 95, rue de Rennes, Paris-VIe.

E

D'ESTREUX DE BEAUGRENIER, à Blois (Loir-et-Cher).

ESSIG (Edouard), 3, rue Gounod, Paris-XVIIe.

ESSIG (Mme Edouard), 3, rue Gounod, Paris-XVIIe.

F

FAIVRE (Mme), 6, rue Toullier, Paris-V^e.

FINOZ, 2, rue Mi-Carême, Saint-Etienne (Loire).

FOLLIN (Jean), 3, rue de Bagneux, Paris-VIe.

FOUBLE (Jules), pharmacien, rue Nationale, Rosendael (Nord).

FOURCADE (Fernand), 82, boulevard de Courcelles, Paris-XVIIe.

FREMAUX (Léon), président de la Chambre de Commerce d'Armentières, 47, avenue Bosquet, Paris-VIIe.

G

GALINIER (Marcel Charles), ancien bâtonnier, 17 *bis*, avenue de Villeneuve-l'Etang, Versailles (Seine-et-Oise).

GALLOTTI (Paul), ingénieur, 14, rue Littré, Paris-VIe.

GANDY (Dr Paul), à Bagnères-de-Bigorre (Hautes-Pyrénées).

GAULIER (Léopold), 5, rue Darcet, Paris-XVIIe.

GENY (Victor), 10, rue Gaillon, Paris-IIe.

GEORGES-PICOT (Charles), directeur de la Société Générale du Crédit Industriel et Commercial, 24, rue Eugène Flachat, Paris-XVIIe.

GEORGES-PICOT (Robert), avocat à la Cour d'Appel, 37, rue Ampère, Paris-XVIIe.

GEORGES-PICOT (Mlle Monique), 37, rue Ampère, Paris-XVIIe.

GEORGES-PICOT (Willie), 24, rue Eugène Flachat, Paris-XVIIe.

GIBIER (Mgr), évêque de Versailles (Seine-et-Oise).

GILBERT (Mme), 164, rue des Bourguignons, Asnières (Seine).

GIRARD (J.). 10, rue Bossuet, Paris-X^e.

GLARD (Isidore), magistrat, 4, avenue de Breteuil, Paris-XVe.

GLARD (Mme I.), 4, avenue de Breteuil, Paris-XVe.

GOEMAERE, secrétaire général de la Ligue Belge du Coin de Terre, 21, rue de la Limite, Bruxelles (Belgique).

GOGUYER-LALANDE (Abbé Maurice), curé de Sainte-Valérie, 2 *bis*, rue de Panazol, Limoges (Haute-Vienne).

GONDARD (Louis), architecte, maire-adjoint du XIIIe arrondissement, 16, boulevard Auguste Blanqui, Paris-XIIIe.

GOYAU (Georges), 36, rue de la Pompe, Paris-XVIe.

GRAEFF (Paul), lieutenant-colonel d'artillerie en retraite, 52, avenue de Saint-Cloud, Versailles (Seine-et-Oise).

GRANGIER (Mme), 145, rue de Longchamp, Paris-XVIe.

GRASSET (Paul), 90, rue d'Anjou, Versailles (Seine-et-Oise).

DE GUER-SOL (Mme), 7, rue de Nassau, Sedan (Ardennes).

GUILLARD (Paul), conseiller général de la Seine-Inférieure, 102, rue Gustave-Flaubert, Le Havre (Seine-Inférieure).

GUITTON (Mme Vve Fernande).

GUILLAUME, 33, rue d'Amsterdam, Paris-IXe.

H

HAMEL (Joseph), agrégé des Facultés de Droit, 133, boulevard Raspail, Paris-VIe.

HAZARD (Paul), professeur à la Sorbonne, 52 *bis*, boulevard
      Saint-Jacques, Paris-XIVe
HEBRARD (Louis), rue du Sahel, Paris-XIIe.
HECKER (Georges), secrétaire à la Mairie, 17, rue de la Groseau,
      Strasbourg.
HENNEBERT (Mlle Léonie), 27, rue de Queux Saint-Hilaire,
      Hazebrouck (Nord).
HIBON (Abbé), à Boulogne-sur-Mer (Pas-de-Calais).
HOUCKE (Victor), 60, rue Saint-Lazare, Paris-IXe.
HUGUES (Frédéric), député de l'Aisne, à Saint-Quentin (Aisne).

I

IDSON (Jacques), 6, rue Ronsard, Paris-XVIIIe.
ISAAC, député du Rhône, ministre du Commerce, Paris.

J

JACQUES (Mme Louis), 10, rue Saint-Laurent, Nîmes (Gard).
JACQUES (Victor), 22, rue de la Comète, Asnières (Seine).
JALENCQUES (Louis), professeur à la Faculté de Droit, 10, cité
      Chabrol, Clermont-Ferrand (Puy-de-Dôme).
JOLY (Abbé), curé de Saint-Joseph des Quatre-Routes, 187,
      rue du Ménil, Asnières (Seine).
JORDAN (Edouard), professeur à la Faculté des Lettres, 48, rue
      de Varenne, Paris-VIIe.
JULES-SIMON (Mlle Marguerite), 10, place de la Madeleine,
      Paris, VIIIe
JULIEN (Mgr), évêque d'Arras (Pas-de-Calais).
JUNG-CLEMENCEAU (Mme), 36, rue du Colisée, Paris-VIIIe.

K

KARCHER (Henri), industriel, 105, rue de Bagnolet, Paris-XXe.

L

LAGORSE (D^r), 2, boulevard du Palais, Brives (Corrèze).
LALLEMAND (Henri), 141, rue de la Gare, Croix (Nord).
† LANCRY (Dr), 153, rue Nationale, Rosendael (Nord).

Lanoire (Edmond), juge au Tribunal, 63, cours d'Albret, Bordeaux (Gironde).

Lantz (Gaston), 15, avenue Matignon, Paris-VIII⁰.

Lardeur-Becquerel (Joseph), 29, rue du Saint-Sépulcre, Saint-Omer (Pas-de-Calais).

De Lasalle (Auguste), président des Conférences de Saint-Vincent-de-Paul de Paris, 19, rue Jacob, Paris-VI⁰.

Lebas (Julien), ingénieur, 37, rue de Trévise, Lille (Nord).

Leborgne (Jules), 7, boulevard du Palais, Beauvais (Oise).

Lechardeur (Constant), 172, rue Cardinet, Paris-XVII⁰.

Lefèvre-Rigot, à Paimpol (Côtes-du-Nord).

Lehembre (Abbé Maurice), professeur, 111, rue de Lille, Tourcoing (Nord).

Legrand (Mme Jules), 62, rue Blomet, Paris-XV⁰.

Leiris (Pierre), 34 *ter*, rue Molitor, Paris-XVI⁰.

Leleu (Chanoine), supérieur du Collège libre, 111, rue de Lille, Tourcoing (Nord).

Lemasson (Mme), 30, avenue Henri Martin, Paris-XVI⁰.

Lemire (Abbé J.), député du Nord, 26, rue Lhomond, Paris-V⁰.

Lener (Mlle Joséphine), 11, rue du Clocher, Hazebrouck (Nord).

Lener (Jules), à Hazebrouck (Nord).

Lener (Lucien), à Hazebrouck (Nord).

Lepoivre (MM.), brasseurs, à Seclin (Nord).

Lerisse (Emile), 22, rue de Claye, Thorigny-sur-Marne (Seine-et-Marne).

Lernout (Louis), rue de la Clef, à Hazebrouck (Nord).

Lernout (Abbé), professeur, à Roubaix (Nord).

Leroy (Arthur), à Sains-du-Nord (Nord).

Leroy (Jean), attaché au Ministère de l'Agriculture, 78, avenue de la Grande-Armée, Paris-XVII⁰.

Lespagnol (Georges), lieutenant-colonel en retraite, 11, rue Adélaïde, Courbevoie (Seine).

Lesueur, 7 rue du Jourdain, Paris-XX⁰.

Lorgnier (D⁰), 35, rue de Valbelle, Saint-Omer (Pas-de-Calais).

Loviton, 9, rue du Val-de-Grâce, Paris-V⁰.

Loviton (Mme), 9, rue du Val-de-Grâce, Paris-V⁰

Luville (Mlle Andrée), 103, boulevard Malesherbes, Paris-VIII⁰.

M

Majoux (G.), ateliers et chantiers de la Seine Maritime, Le Trait, par Duclair (Seine-Inférieure).

Mancel (Abbé), rue Bienassis, Bain-de-Bretagne (Ille-et-Vilaine).

Maréchal (Chanoine Edouard), secrétaire de l'Evêché, 8, rue des Fours, Arras (Pas-de-Calais).

Marque (Gustave), pharmacien, 5, rue Parmentier, Ivry (Seine).

Masbrenier (Dr), 16, avenue Thiers, Melun (Seine-et-Marne)

Matton (Emile), notaire, rue Aupick, Gravelines (Nord).

Meny (Abbé Georges), 43, rue de la Préfecture, Epinal (Vosges).

Méring (Mme M.), 45, rue de Ponthieu, Paris-VIIIe.

Mesureur (Gustave), directeur de l'Assistance Publique, 3. place de l'Hôtel-de-Ville, Paris-IVe

Millet (Abbé Pierre), professeur, 11, place du Panthéon, Paris-Ve

Mils, 22, rue de Paris, Aubervilliers (Seine).

Moreau (Mme), 9, rue Racine, Croix (Nord).

Morel (Jean), architecte, 17, rue du Maréchal, Dunkerque (Nord).

Moriera, 9, rue de l'Odéon, Paris-VIe

Morgan-Sill (Mme Louise), 35, boulevard Lefebvre, Paris-XVe.

Morot (Mme Aimé), 10, rue Weber, Paris-XVIe.

Muller (Abbé), 8, rue de la Ville-l'Evêque, Paris-VIIIe.

N

Naudet (Abbé Paul), professeur au Collège des Sciences Sociales, 84, boulevard Montparnasse, Paris-XIVe.

Nys (Théodore), 103, avenue Ernest Ruben, Limoges (Haute-Vienne).

Necker (Honaker), 4, quai Debilly, Paris-XVIe.

O

Office agricole départemental de la Seine, 63, rue de Varenne, Paris-VIIe.

P

Paoli (Capitaine), 15 *bis*, rue des Ecoles, Fontenay-aux-Roses (Seine).

Parent (Louis), avocat, 6, rue Denis Poisson, Paris-XVIIe.

PARENT (Lucien), 19, avenue Victor-Emmanuel III, Paris-VIIIe.
PARET, 2, rue Mi-Carême, Saint-Etienne (Loire).
PASSEZ (Ernest), 123, rue du Faubourg-Saint-Honoré, Paris-
VIIIe.
PEBELLIER (Gaston), élève à l'Ecole Supérieure des Mines,
5, rue de la Santé, Paris-XIIIe.
PERRENET (Maurice), 83, rue Denfert-Rochereau, Paris-XIVe.
PERRIER (Constant Auguste), 86, rue Monge, Paris-V^e.
PERSON (Hubert), docteur en Droit, 11, rue Claude Chahu,
Paris-XVIe.
PHILIBERT (Mlle M.), 3, rue de Grenelle, Paris-VIe.
PHILIPPE (Paul), 32, rue de la Bonne-Aventure, Versailles
(Seine-et-Oise).
PICHEREAU (Léon), ancien notaire, à Couptrain (Mayenne).
PIERRE (Abbé), 23, rue Bizet, Paris-XVIe.
PINGARD (Mme), 16, rue de Nassau, Sedan (Ardennes).
PINGAT (Georges), externe des Hopitaux, 20, rue de Grenelle,
Paris-VIIe.
PLOCQ (Ernest), ingénieur honoraire au Chemin de fer du Nord,
15, rue Vavin, Paris-VIe.
PODVIN (Abbé Omer), chanoine honoraire, curé doyen de
Denain, 4, rue de la Paix, Denain (Nord).
POINCARÉ (Raymond), ancien président de la République,
26, rue Marbeau, Paris-XVIe.
POU (Denis), 4, rue des Lices, Blois (Loir-et-Cher).
DE POUYDRAGUIN (Capitaine d'Arman), 90, rue d'Assas, Paris-
VIe.

Q

QUERAUD L'EPINOY (Léon), 30, avenue de Poitiers, Limoges
(Haute-Vienne).

R

RAILLARD (Marcel), sous-chef de bureau au Ministère des Fi-
nances, 27, rue Louis-Philippe, Neuilly-sur-Seine.
RAJAT (Raymond), 9, rue Patou, Lille (Nord).
REBOUT (Armand), à Villeberne, par Cosne (Nièvre).
REBOUX (Mme), directrice du Journal de Roubaix, 71, Grande-
Rue, Roubaix (Nord).
RENAUDIN (Paul), 30, rue Saint-Dominique, Paris-VIIe.

RENDU (Ambroise), conseiller municipal de Paris, 108, rue du Bac, Paris-VIIe.

REUMAUX (Elie), président du Conseil d'Administration de la Cie des Mines de Lens, 52, rue du Général Foy, Paris-VIIIe.

RIBOT (Alexandre), sénateur, ancien président du Conseil, 11, quai d'Orsay, Paris-VIIe.

RICARD, ministre de l'Agriculture, Paris-VIIe.

RIQUER (O.), 50, rue Enguerrand, Amiens (Somme).

RIU (Mlle), à Chamesson (Côte-d'Or).

RIVENCQ (Abbé Adrien), curé de N.-D. d'Auteuil, 4, rue Corot, Paris-XVIe.

RIVIÈRE (Louis), 91, rue Jouffroy, Paris-XVIIe.

RIVOIRE (Philippe), 16, rue d'Algérie, Lyon (Rhône).

ROBERT (Edouard), avocat, 40, rue Chaudrier, La Rochelle (Charente-Inférieure).

ROBERT (Louis), 45, rue Amiral Gourdon, Pithiviers (Loiret).

ROCHE (Emile), 108, boulevard Jourdan, Paris-XIVe.

DE LA ROCHEBROCHARD (Vicomtesse), 23, rue de l'Est, Poitiers (Vienne).

ROCHEROLLES (Edmond), 2, rue de Fleurus, Paris-VIe.

ROUSSEAU (Dr Henri), 64, rue de Paris, Joinville-le-Pont (Seine).

ROUSSEAU (Mme H.), 64, rue de Paris, Joinville-le-Pont (Seine).

ROUTIER DE LISLE (René), 55, rue de Babylone, Paris-VIIe.

ROYER, 35, rue du 14 Juillet Prolongée, Bois-Colombes (Seine).

RYCKELYNCK (Commandant) à Strasbourg (Bas-Rhin).

S

SALEILLES (Mme), 20, rue de Grenelle, Paris-VIIe.

SALEILLES (François), bibliothécaire à l'Université de Paris, 20, rue de Grenelle, Paris-VIIe.

SALOMON (Bernard), élève à l'Ecole Polytechnique, 12, rue des Saints-Pères, Paris-VIe.

SALVERTE (Charles De), 2, rue Duplan, Pau (Basses-Pyrénées).

SAMSOEN (D^r), à Hazebrouck (Nord).

SANGUIN (Louis), 7, avenue de Caen, Rouen (Seine-Inférieure).

SASSO (C.), 105, rue Perronet, Neuilly-sur-Seine.

SASSO (Mme C.), 105, rue Perronet, Neuilly-sur-Seine.

SAURIN (Jules), 21, rue Alphand, Tunis (Tunisie).

SCHNEIDER (MM. et Cie), 42, rue d'Anjou, Paris-VIIIe.

Segard (Emile), 5, rue Anatole de la Forge, Paris-XVIe.

Séré de Rivières (Mlle), 6, avenue Bugeaud, Paris-XVIe.

Severi (Nicodemo). Direttore delle Ville e Giardini comunali, Villa Umberto I, Rome (Italie).

Sicard (Abbé), curé de Saint-Pierre de Chaillot, 33, avenue Marceau, Paris-XVIe.

Siegfried (Mme), à l'Herminier, route de Toulouse, Montpellier (Hérault).

Siegfried (Mlle Agnès) à l'Herminier, route de Toulouse, Montpellier (Hérault).

Société anonyme des chantiers et ateliers de la Gironde, 3, rue Montalivet, Paris-VIIIe.

Société anonyme Commentry-Fourchambault et Decazeville, 84, rue de Lille, Paris-VIIe.

Société anonyme des forges et aciéries du Nord et de l'Est, 10, rue Auber, Paris-IXe.

Société anonyme des hauts fourneaux, forges et aciéries de Denain et d'Anzin, 12, rue d'Athènes, Paris-IXe.

Société anonyme des hauts fourneaux, forges et aciéries du Saut du Tarn, 23. rue du Rocher, Paris-VIIIe.

Société civile des mines de houille de Marles, 2, square de l'Opéra, Paris-IXe.

Société immobilière du Trait, Le Trait par Duclair (Seine-Inférieure).

Sta (Fernand), inspecteur d'assurances, 9 *bis*, avenue Thiers, villa Antonia, Romans (Drôme).

Striffling (Jean), 22, rue Chabot-Charny, Dijon (Côte d'Or).

T

Tellier (Dr Adolphe), 55, rue du Pot d'Etain, Boulogne-sur-Mer (Pas-de-Calais).

Tessier (André), 34, rue de l'Yvette, Paris-XVIe.

Thiery (Dr Louis), président de l'Office central des OEuvres de bienfaisance, à Compiègne (Oise).

Thibout (Dr Georges), député de la Seine, 16, rue d'Offémont, Paris-XVIIe.

Thiery (Gaston), 3, rue Pelletan, Alfortville (Seine).

Thomas Whitney (Mme Jane), 30, avenue des Champs-Elysées, Paris-VIIIe.

Tissier (Albert), conseiller à la Cour de Cassation, 84, rue
    du Ranelagh, Paris-XVIe.
Touchard (Albert), 97, rue de Lille, Paris-VIIe.
Trystram (Jean), sénateur du Nord, 95, rue de Rennes, Pa-
    ris-VIe.

V

Vancauwenberghe (Georges), président du Conseil général
    du Nord, à Saint-Pol-sur-Mer (Nord).
Vandamme (Eugène), 4, place d'Italie, Paris-XIIIe.
Vandelet (Aimé), président honoraire du Tribunal Civil d'Ha-
    zebrouck, 30, rue de Pétrograd, Paris-IXe.
Verzier, 1, place des Cordeliers, Lyon (Rhône).
Viellard (Louis), 118, rue de la Chapelle, Paris-XVIIIe.
Vincent (Mlle), 26, rue Lhomond, Paris-Ve.
Volpette (R. P. Félix), 2, rue Mi-Carême, Saint-Etienne
    (Loire).

W

Wachet (Commandant Louis), 118, rue d'Assas, Paris-VIe.

Z

Zeiller (Jacques), directeur à l'Ecole des Hautes-Etudes,
    56, boulevard Malesherbes, Paris-VIIIe.

PREMIÈRE SÉANCE

Vendredi 5 novembre 1920.

SÉANCE D'OUVERTURE

Présidence de Mgr Julien, évêque d'Arras

M. l'abbé Lemire prend la parole pour ouvrir le Congrès.

Monseigneur,

Mesdames,

Messieurs,

En ouvrant ce cinquième Congrès des Jardins ouvriers, organisé comme les Congrès de 1903, de 1906, de 1909 et de 1912 par la Ligue du Coin de Terre et du Foyer, notre première pensée cherche les amis qui étaient jadis avec nous.

Que de vides à travers toute la France !

Depuis le Dr Lancry, l'initiateur de nos œuvres terriennes dans le Nord, qui vient de nous quitter, affaibli par les émotions de la guerre, jusqu'au professeur Bertrand, de Toulouse, qui tombait en 1914, après avoir fait également honneur à l'enseignement et aux œuvres sociales ; depuis le commandant Blanckaert à Lille, jusqu'au commandant Grandjean à Bordeaux ; depuis

les vétérans de nos œuvres, MM. les abbés Dillenseger
et Wiesnegg, MM. Reine, de Mieulle, Michel, de Vil-
morin, Curé, Mlle Maraval, Mme Bureau, jusqu'aux
plus jeunes, tombés si nombreux pour la France : Al-
lart, Delpérier, Feuillâtre, Révillon, Laurentie, Leborgne, Saleilles, Perrenet, Wachet, de Pouydraguin,
jeunes gens qui savaient joindre au souci de leurs
études et de leur carrière le dévouement et l'amour du
peuple jaillis de la générosité de leur cœur !

Ce matin même, nous assistions aux funérailles de
M. Caillet, le fondateur du Bien de Famille, le vice-
président et le trésorier de notre œuvre des Jardins ouvriers de Paris et Banlieue.

Que de vides et que de deuils !

Mais tous, hommes de vaillante initiative et d'invin-
cible espérance, nous interdiraient aujourd'hui de nous
arrêter aux regrets. Tous nous diraient : « Nous avons
aimé les pauvres, les ouvriers, tous ceux qui peinent,
tous ceux qui sont dans le besoin : continuez notre
œuvre ! »

Derrière nous les deuils, devant nous les devoirs !

Ces devoirs, le Congrès a pour but de nous aider à les
mieux remplir.

*
* *

Je me réjouis d'avoir l'honneur de l'ouvrir sous la présidence de Monseigneur d'Arras.

C'est chez nous une tradition de faire appel, pour
présider au moins une de nos séances, à un membre de
l'épiscopat ou du clergé.

Certes, notre œuvre, avant tout respectueuse de la liberté de conscience, n'impose rien et n'écarte personne ;
elle ne demande à l'ouvrier pour lui confier un jardin
que d'avoir la charge d'une famille et la volonté du tra-

vail, d'être en un mot un homme de cœur et un homme de courage. Mais, si elle n'est pas confessionnelle, notre œuvre est profondément humaine, et parce qu'elle est humaine, elle s'appuie sur toutes les forces morales qui ennoblissent l'homme, au premier rang donc celle que représentent les ministres du Christ, de Celui qui a restauré dans le monde la dignité de la personne humaine et mis les devoirs envers le prochain à la hauteur des devoirs envers Dieu.

C'est pourquoi dans nos précédents Congrès nous avons eu comme présidents de séances, en 1903, Mgr Latty, évêque de Châlons ; en 1906, Mgr Amette, à cette époque coadjuteur de Paris ; en 1909, M. l'abbé Birot, alors vicaire général d'Albi.

Et c'est pourquoi notre Congrès de 1920 s'ouvre aujourd'hui sous votre présidence, Monseigneur d'Arras.

Permettez-moi de vous en remercier, et d'exprimer la joie que j'éprouve à saluer parmi nous la présence d'un prélat dont l'amour pour le peuple ne date pas de la crosse et de la mitre, car l'ancien curé du Havre, l'ancien supérieur de collège avait déjà cette largeur de cœur puisée dans l'Evangile ; la présence d'un évêque qui unit dans son cœur l'amour de l'Eglise et l'amour de la France, amour total, sans récriminations ni reproches ; la présence enfin d'un apôtre dont la parole a su, en Amérique pendant la guerre, faire vibrer d'immenses auditoires d'amour et de respect pour notre pays, le révéler à ceux qui l'ignoraient encore et les émouvoir de pitié pour nos régions dévastées.

A nous qui venons de ces départements meurtris, où nos œuvres ont tant souffert, il fallait ici quelqu'un qui représentât, non tant les douleurs d'hier, mais les espérances de demain ; et de toutes nos villes martyres, nulle n'a repris avec plus devaillance et de joie que votre ville d'Arras l'élan vers l'avenir.

A tous ces titres, Monseigneur, soyez donc le bienvenu dans notre Congrès.

****

Avant de vous prier de donner la parole à notre Rapporteur, M. Droulers, permettez-moi de saluer parmi nous et de vous présenter les amis qui ont pris place à nos côtés sur cette estrade :

M. Mesureur, directeur de l'Assistance publique, qui a toujours mis avec une si large bienveillance ses terrains à la disposition de nos œuvres ;

M. l'abbé Couget, directeur des Œuvres sociales du diocèse de Paris, ami de cœur des Jardins ouvriers, que Mgr Roland-Gosselin, empêché, a bien voulu déléguer pour le représenter au milieu de nous ;

Le général Lebas, qui rappelle ici l'effort des officiers de notre armée pour favoriser dans toute la France le développement de nos chers Jardins ;

Puis mes collaborateurs personnels :

M. Louis Rivière, depuis vingt-cinq ans dévoué à nos œuvres du Coin de Terre, et qui n'a cessé de tenir la plume à leur service avec autant de tact que de compétence ;

M. Robert Georges-Picot, notre secrétaire-général, qui continue parmi nous cette belle tradition d'attachement aux Œuvres sociales qui anoblit le nom qu'il porte :

A côté d'eux, venus de province, M. Guillard, M. Dupont, qui représentent d'admirables réalisations de nos œuvres au Havre ;

Le R. P. Volpette, un de nos plus vieux amis, qui a fait à Saint-Étienne des prodiges dans l'Œuvre des Jardins ;

Enfin, MM. Hecker et Burguburu, de Strasbourg, qui représentent ici les Jardins ouvriers d'Alsace, unis à nous jadis par les liens secrets des cœurs, aujourd'hui par les liens glorieux de la victoire.

A tous, nous tenons à exprimer notre reconnaissance et notre joie de leur présence au milieu de nous.

***

La parole est donnée à M. Charles Droulers pour son rapport général sur l'ensemble de l'Œuvre.

Rapport de M. Charles Droulers.

Monseigneur,

Mesdames, Messieurs.

La seule lecture des questions à l'ordre du jour de cette première séance vous aura montré que si l'honneur est grand, lourde est la tâche aussi de votre rapporteur. Il se recommande à votre indulgence et s'excuse à l'avance des lacunes inévitables que présentera son travail.

Depuis le Congrès de 1912 s'est produit l'événement prévu, prédit et annoncé par les hommes de science sociale qui suivaient avec effroi le déclin persistant de notre natalité. Des étrangers ont pénétré dans la maison de nos pères. Ils s'y sont très mal conduits... Le vieux et vénérable édifice français a été souillé, saccagé....

Que sont devenus nos pauvres petits jardins dans cette tourmente ?

Situation paradoxale ! Exception faite pour les jardins du front, pour les jardins martyrs de Lens et de Reims notamment, la guerre les a développés dans des proportions inattendues.

I. Jardins Militaires.

Dès le début des hostilités, la question de l'alimentation se posa impérieuse, à l'attention de ceux qui avaient le redoutable honneur de gouverner notre pays.

Les hommes valides étaient sous les drapeaux. Beaucoup de terres, laissées aux bras débiles des vieillards et des femmes, ne portaient plus qu'une récolte insuffisante. D'autres étaient complètement abandonnées.

Il fallait nourrir une armée de plusieurs millions d'hommes qui, de producteurs, étaient devenus consommateurs. En même temps la guerre sous-marine envoyait au fond des flots une proportion importante des denrées que les pays étrangers pouvaient nous expédier.

C'est alors que M. Maxime Ducrocq, président de la Société Lilloise des Jardins ouvriers, mobilisé comme officier du service de l'Intendance, préconisa l'idée d'utiliser la main-d'œuvre oisive pour la mise en culture, principalement en culture maraîchère, des terres abandonnées.

Dans un rapport en date du 28 mars 1916, M. Ducrocq soumit à M. le ministre de l'Agriculture tout un plan pour la création de jardins de guerre.

Ce projet fut approuvé.

Peu de temps après, M. Ducrocq était mis à la disposition du Ministre de l'Agriculture, qui lui donnait mission d'organiser partout la création de jardins potagers à l'usage de la population civile et de l'armée.

Le 26 mai 1916, le général commandant en chef envoyait du G. Q. G. à MM. les généraux directeurs des étapes et des services une circulaire leur recommandant la création de jardins potagers.

Le 9 janvier 1917, M. Clémentel devenu ministre de l'Agriculture érigeait la mission de M. Ducrocq en service rattaché à son cabinet. M. Dewavrin, président de l'Œuvre du Coin de Terre de Tourcoing, était nommé chef-adjoint et M. Van de Walle, attaché.

Avec ce personnel réduit et avec le concours des directeurs de service agricole, des comités de patronage, des préfets, le résultat pour l'année 1916 fut celui-ci :

Culture de 5.622 parcelles, d'une surface totale de 1.872 hectares.

Estimation de la récolte : 13.000.000 de francs.

Fin 1917, l'étendue cultivée passe de 1.872 à 7.500 hectares. Et l'on peut ajouter au rendement de la culture l'élevage fructueux des porcs : 6.000 de ces animaux sont annexés aux jardins militaires, ainsi que 30.000 lapins et 2.000 coqs et poulets.

L'autorité militaire se loue des bons effets produits sur la santé physique et morale des hommes qui se sont adonnés au jardinage. D'autre part, l'expérience démontre qu'une surface de deux ares par homme suffirait à fournir les légumes de l'unité.

Encouragé par ces résultats, M. Ducrocq veut mieux encore.

Pour organiser la création de nouveaux jardins, pour contrôler leur fonctionnement, pour stimuler et éclairer les bonnes volontés, il institue un corps de soixante-dix conférenciers militaires.

Il s'assure l'appui et le concours des Sociétés d'Agriculture et d'Horticulture et des Municipalités.

La Ligue du Coin de Terre et du Foyer était toute désignée pour apporter à cette grande œuvre l'appui de ses services, de son expérience.

M. l'abbé Lemire, retenu à Hazebrouck par l'accomplissement héroïque de ses fonctions de maire, dans une ville accablée d'obus, sans cesse traversée et occupée par les troupes, ne pouvait se livrer à l'apostolat du jardin pendant la guerre. Du moins permit-il à la Ligue du Coin de Terre de jouer un rôle important dans le développement de cette œuvre en distribuant des outils et des semences, en instituant des concours, en allouant des diplômes et des prix aux lauréats. Deux subventions, l'une de 20.000 francs, l'autre de 50.000 francs, lui furent attribuées à cet effet par le ministère de l'Agriculture.

La distribution des récompenses aux lauréats des cultures militaires eut lieu sous les auspices de la Ligue avec une grande solennité à la Salle d'Horticulture en 1917, à la Sorbonne en 1918.

Enfin, le 6 novembre 1918, M. Ducrocq rendait compte des résultats de son travail inlassable : les surfaces cultivées, en y comprenant celles des armées alliées, étaient passées à 13.000 hectares. Les porcs à l'étable étaient au nombre de 14.000. Les clapiers et la basse-cour comptaient 114.000 lapins et poules.

Le Ministre de l'Agriculture, en remerciant M. Ducrocq, lui écrivait :

« L'œuvre que vous avez su réaliser en pleine guerre aura procuré un appoint des plus utiles au ravitaillement général. Elle aura, en outre, suscité des initiatives et propagé des méthodes qui continueront à porter leurs fruits. »

Les jardins militaires ont malheureusement presque tous disparu avec les unités qui en avaient la charge et le profit.

En certains endroits, cependant, comme à Fougères (Ille-et-Vilaine), ces jardins abandonnés ont été recueillis et repris par les civils.

Mais il est à désirer que le jardin militaire soit continué par le soldat partout où la situation le permettra. Cette création a pour effet, non-seulement de le nourrir sainement et économiquement, mais encore de l'occuper et de le distraire pendant les loisirs forcés de la vie de garnison.

Rentré dans ses foyers, ce soldat laboureur y rapportera le goût de la terre, de la vie rurale, et le répandra autour de lui. Il remplira ce « rôle éducateur » de l'armée sur lequel le général Canonge a écrit de si belles pages.

Le soldat a prouvé, en effet, dans les jardins du temps de guerre que le sol le plus ingrat ne le rebutait pas.

Comme le signale M. Claude Brun dans le rapport remarquable où il rend compte des résultats obtenus dans la subdivision de Marseille, « sur les rochers pelés de l'Escalette, sol abrupt et stérile où l'on dirait que rien ne peut pousser et vivre, la main de ces hommes a creusé des jardins ; les tamaris offrent une ombre protectrice contre la chaleur des étés provençaux ; les petites cigales, les « cigalouns », dont les colonies prospères adorent ces coins brûlés par le soleil, nous ont accueilli par leurs chants. Mais ce chant nous a paru plus chaud, plus vibrant.»

Certes, Mesdames et Messieurs, vous aurez comme moi plaisir à penser que les cigales interrompent parfois le petit concert qu'elles donnent à Dieu leur créateur pour saluer l'apparition de l'homme, son union avec la terre, son travail transformateur, et ces gestes lents et simples avec lesquels il prépare les présents que la nature lui donnera demain.

DISCUSSION

M. L'ABBÉ LEMIRE. — En conclusion de cette première partie du rapport de M. Droulers, je propose à l'Assemblée d'émettre le vœu que sur toute la surface de la France les jardins militaires, partout où il est possible, soient maintenus comme tels, et que, là où c'est impossible, les terrains qu'ils occupaient soient confiés à la Ligue du Coin de Terre ou aux municipalités pour être transformés en jardins ouvriers.

M. Marque. — Certains terrains militaires ne sont employés pour les exercices que du 15 octobre au 15 février. Le Génie en accorde volontiers la concession pour le reste de l'année. Il est impossible assurément de créer des jardins dans des conditions si précaires, mais on peut fort bien tirer parti du sol quand même. Nous avons au Fort d'Ivry un emplacement de ce genre : nous nous proposons de le faire labourer et cultiver à frais communs par nos jardiniers. On plantera des pommes de terre, et on se les partagera. L'initiative nous a paru intéressante au point de vue entr'aide sociale. Elle pourrait être généralisée. Je propose que ce vœu particulier s'ajoute au vœu général.

M. Philippe. — Malheureusement, bien des terrains réquisitionnés par l'autorité militaire et transformés en jardins pendant la guerre ont dû être rendus à leurs propriétaires dès la fin des hostilités. C'est ce qui est arrivé à Versailles.

M. Guillard. — Les terrains militaires du Fort de Sainte-Adresse avaient été transformés pendant la guerre en admirables jardins (nos soldats ingénieux avaient même joint à la culture de superbes légumes l'élevage fructueux d'une centaine de porcs). — Ne pourrait-on obtenir que le sol si bien travaillé soit confié à la section Havraise de la Ligue du Coin de Terre pour en faire des jardins ouvriers?

Général Lebas. — De deux choses l'une : ou ces terrains sont employés actuellement par l'autorité militaire, à quelque titre que ce soit, donc utilisés, et il n'y a pas lieu à regret. Ou bien ils ne le sont pas : en ce cas, je suis persuadé qu'il suffira d'une démarche de la Ligue, signalant le fait et s'offrant à les distribuer en jardins, pour qu'ils lui soient concédés.

M. l'abbé Lemire. — Je crois, en effet, que l'autorité militaire est heureuse de se trouver en face d'une société responsable, et d'avoir affaire à elle plutôt qu'à des particuliers. Je tiens à signaler à ce propos les excellents rapports de la Ligue du Coin de Terre avec le Génie, qui a mis à sa disposition autour de Paris les terrains des Fortifications et ceux des Forts pour y créer des Jardins ouvriers.

M. Chaumet. — Le terrain des Fortifications déclassées ne pourrait-il pas également dans l'avenir être mis à la disposition de l'œuvre par la ville de Paris?

M. l'abbé Lemire. — J'ai fait une démarche en ce sens. Il m'a été promis qu'il en serait tenu compte. Promesse vague, malheureusement. Nous ne venons qu'après les Habitations à bon marché, les terrains de sports, etc...

Général Lebas. — J'appelle l'attention sur les champs de tir d'artillerie (tels que ceux de Sercotte, de Bourges, etc.). Ils constituent de vastes étendues, actuellement abandonnées à la pâture ou à la culture des céréales; la culture maraîchère en décuplerait le rendement. La permission de l'autorité militaire serait aisée à obtenir, ces terrains n'étant guère employés que trois mois dans l'année pour les exercices de tir. Durant ces trois mois, il y aurait, il est vrai, çà et là, quelques obus à craindre.... pas beaucoup. Il serait aisé de prendre des mesures en conséquence.

Résumant ces différentes suggestions, Mgr Julien propose que la Ligue du Coin de Terre et du Foyer porte la question directement à M. le ministre de la Guerre en ce qui concerne : 1° les terrains occupés par les jardins militaires : 2° tous autres terrains militaires actuellement non utilisés.

La proposition est adoptée.

***

M. l'abbé Lemire. — Avant d'en venir à la seconde partie du rapport de M. Droulers, et de passer des jardins militaires créés durant les années de guerre aux jardins qui se multipliaient en même temps dans les départements envahis, nous devons saluer au moins d'une pensée, d'un souvenir, nos malheureux jardins de la zone rouge, celle des affreux ravages et des totales destructions.

Lens, Péronne, Albert, Arras, Saint-Quentin, Chauny.... œuvres magnifiques dont il ne reste plus qu'un souvenir!

Je me trompe : il reste leur volonté de revivre.

Qu'il me soit permis de citer ici l'admirable lettre que nous recevons de M. Choquet, le directeur des Jardins des Mines de Lens : elle exprime les sentiments de tous.

Cher Monsieur l'Abbé,

« Vous ne nous verrez pas à votre prochain Congrès.

Vous savez que la Société des Mines de Lens est grande dame, qu'elle ne veut pas inspirer la pitié, et tient à ne se montrer que pompeusement parée. Son absence donc ne vous surprendra pas.

Vous savez aussi que nous ne sommes pas morts; vous vous en êtes rendu compte en traversant notre domaine.

La restauration de nos jardins est poussée aussi activement que le reste. Nos mineurs jardiniers ne demandent qu'à « en mettre », et dès l'année prochaine vous pourrez vous rendre compte qu'ils n'ont rien perdu de leur énergie.

Je ne vous parlerai ni de nos ruines, ni des blessures faites à nos œuvres : c'est vers l'avenir que nous regardons, vers cet avenir qui sera digne du passé. Pour l'instant, nous travaillons...

Je serai près de vous par la pensée, pendant toute la durée de votre Congrès, dont vous êtes l'âme, et auquel je souhaite tout le succès que vous méritez tant.

J'aime votre œuvre, — notre œuvre, je puis le dire, n'est-il pas vrai ?

Quand ma bonne mère quitta Lens, lors de la dernière évacuation, elle voulut me rapporter quelques souvenirs, et je me rappelle avec quelle émotion je dépliai mon petit insigne de la Ligue du Coin de Terre... Une mère sait ce qui plaît à son enfant.

L'heure était bien sombre alors, et c'est avec une grande tristesse que je pensais à nos œuvres détruites. Pourtant chaque fois que je regardais ce petit insigne échappé au naufrage, je me rappelais vos paroles lors de notre dernière entrevue, un soir d'hiver en 1915 à Hazebrouck : « Les œuvres de la terre ne mourront pas »...

Pendant les heures les plus graves de la tourmente, il m'est arrivé de douter. Mais j'ai dû convenir depuis que l'abbé Lemire avait raison.

Que Dieu bénisse et féconde vos efforts, cher Monsieur l'Abbé ! »

La parole est à M. Droulers pour la suite de son rapport.

Rapport de M. Charles Droulers (*Suite*).

II. Les Jardins dans les départements envahis pendant la guerre.

Dans les départements envahis, l'essor des Jardins ouvriers (qui ont mérité d'être appelés en cette circonstance les « Jardins pour tous ») fut considérable, mais limité à certains points du territoire.

Dans tous les grands centres, la méthode est la même : les Allemands ont saisi toutes les terres; pour répondre aux besoins pressants de la population affamée, ils en laissent une partie à la disposition des municipalités, à charge par celles-ci de les lotir et de les répartir entre les habitants.

Il est ainsi distribué à *Sedan* 9.000, à *Lille* 2.058, à *Tourcoing* 8.000, à *Roubaix* 32.000 jardins.

Oui, Mesdames et Messieurs, vous avez bien entendu : 32.000, c'est-à-dire un chiffre égalant aux deux tiers de celui des jardins ouvriers qui existent actuellement en France.

Songez au travail qu'une telle organisation dut coûter aux hommes dévoués que la Municipalité de Roubaix mit à la tête de ce service, dénommé « Commission de Culture » : M. Wattremez, adjoint, M. Carissimo, M. Louis Watine.

Que de difficultés à surmonter !

Il fallait d'abord vaincre l'hostilité des fermiers, furieux de se voir dépossédés, puis lever des plans, tracer des chemins, lotir; puis organiser, instruire ces jardiniers presque tous novices, manquant d'outils, de semences, autant que d'expérience.

On traça des parcelles de 65 mètres carrés. On fabriqua des outils. On organisa un gardiennage de jour et de nuit : 350 hommes étaient employés à ce service indispensable.

Grâce à cette œuvre, les pommes de terre qui valaient 6 francs le kilo en avril 1918 étaient tombées à 2 francs à la fin de septembre et à 0 fr. 60 au début d'octobre. Cette baisse entraîna celle des autres légumes. Chaque famille ayant son jardin, les légumes offerts au marché trouvaient moins d'acquéreurs.

A *Maubeuge*, 2.500 jardins furent créés pendant l'occupation.

On nous écrit de *Charleville* que les terres abandonnées furent réparties entre les habitants.

La Municipalité d'*Avesnes* a distribué 200 jardins.

A *Péronne*, il en est né 43, à *Rethel* 60.

Au total, pour l'ensemble, environ 60.000.

Fondés aux dépens de la grande culture, ces jardins devaient forcément lui être restitués avec l'armistice et le retour à la vie normale.

Ils laissent aux occupants le regret, la nostalgie de cette bonne terre qui les a sauvés de la famine et du désespoir.

En ces malheureuses provinces envahies, le petit coin de terre a été le sauveur de la santé, le remède à l'oisiveté, le rendez-vous de la famille et le dernier asile de la liberté, en attendant le jour trois fois béni de la victoire.

DISCUSSION

M. LEMIRE. — En certains points, quelques-uns au moins des jardins créés pendant l'occupation n'ont-ils pu être conservés?

M. BARBIER. — A Maubeuge, il ne nous reste que les 35 jardins d'avant-guerre. Tous les terrains réquisitionnés ont été rendus à leurs propriétaires. Mais nous espérons de la Société des Glaces de Boussois plusieurs hectares qui pourpaient être répartis en jardins sous les auspices de la Société Horticole.

Mme Devin. — A Sedan, nous avons pu conserver une part de ces terrains en location. Notre œuvre, grâce à des fonds dûs à la générosité de la Croix-Rouge Américaine, est même devenue propriétaire de 16 hectares. Le nombre des jardins a été porté de 250 à 600. Et les deux groupes nouveaux, qui se font face, ont été baptisés « Clos Washington » et « Clos Lafayette ».

M. Droulers. — A Charleville, les terrains ont été repris en partie par une société, « La Paix Sociale », qui va pouvoir distribuer en jardins 8 hectares. A Tourcoing et à Roubaix, les terres réquisitionnées appartenaient pour la plupart à la grande culture et lui ont été rendues : il y avait le plus souvent un bail préexistant.

M. Dewavrin. — On ne dira jamais assez l'inappréciable bienfait qu' a été la culture de nos petits jardins dans la détresse des pays envahis. Bien petits, pourtant : beaucoup n'avaient que 65 mètres carrés. Mais toujours respectés. Les Allemands n'y touchaient pas. Ils s'efforçaient au contraire de les multiplier. Ils sentaient trop qu'ils avaient tout intérêt à maintenir dans le calme cette énorme population ouvrière de Roubaix, de Tourcoing.

M. Lemire. — Comment donc procédaient-ils ?

M. Dewavrin. — Ils réquisitionnaient la terre aux propriétaires, puis, par l'intermédiaire d'un Comité local, ils la faisaient répartir entre les ouvriers, après s'en être réservé une part qu'ils cultivaient pour eux-mêmes.

Mme Devin. — A Sedan, le 26 août 1915, toutes les récoltes furent saisies par les Allemands, sauf la récolte des Jardins ouvriers (il n'existait alors que nos jardins d'avant-guerre).

M. Lemire. — Comment pareil privilège fut-il obtenu ? Grâce à votre intervention, Madame ?

Mme Devin. — Oui. Comme présidente des Jardins ouvriers de Sedan, je fis valoir la portée générale et surtout le caractère international de l'Œuvre. C'est à ce titre d'œuvre internationale qu'elle fut respectée. Je n'avais pas hésité même à rappeler le projet d'un Congrès à Berlin en 1914. J'insistai; enfin, le 8 septembre, j'obtins gain de cause.

Mgr Julien. — Je crois résumer l'impression générale en émettant le vœu que ces jardins des pays envahis, si nombreux et si bienfaisants pendant la guerre, puissent, dans toute la mesure possible, se perpétuer à l'avenir sous forme de Jardins ouvriers.

La parole est à M. Droulers pour la suite de son rapport.

Rapport de M. Charles Droulers (*Suite*).

III. Situation générale de l'Œuvre.

Les rapports qui nous ont été adressés nous fournissent sur la situation présente des Jardins ouvriers en France les chiffres suivants : 236 groupements, présentant un total d'environ 47.000 jardins[1]. (La statistique de 1912 en comptait 17.000). Et ces chiffres sont assurément inférieurs à la réalité, car ils ne comprennent que les œuvres qui nous ont fourni des indications précises : beaucoup d'autres, sans doute, fondées par de grands industriels ou des sociétés diverses, échappent à notre contrôle.

Du vaste ensemble qui s'offre à nous, nous ne pouvons détacher que quelques traits.

Le département de l'*Oise* nous fournit un bel exemple de ce qu'on peut attendre d'une centralisation intelligente des efforts, dans le cadre d'une région : le Comité Central des Jardins ouvriers de l'Oise perfectionne et développe sans cesse son organisation. Il englobe aujourd'hui 18 œuvres, couvrant 80 hectares et comprenant 1.200 jardins.

La *Compagnie des Chemins de fer du Nord* peut à

---

1. La statistique établie un peu hâtivement à la veille du Congrès ayant dû être revisée et complétée par la suite, nous donnons ici les chiffres rectifiés conformément à ce travail de mise au point.

bon droit s'enorgueillir des 6.000 jardins qu'elle a créés pour son personnel.

Boulogne-sur-Mer possède 676 jardins.

Reims, où les jardiniers ont continué à travailler sous les obus, nous présente encore 62 jardins, représentés ici par Mme Changeux, leur admirable présidente.

A *Lyon*, un bel effort accompli par la Municipalité aboutit à la création de 1.000 nouveaux jardins.

A *Saint-Etienne*, à côté de l'œuvre admirable du R. P. Volpette, qui compte 1.020 jardins, trois nouvelles sociétés ont été fondées, deux par les Hospices, une par les ouvriers.

Marseille compte aujourd'hui 251 jardins.

Le Havre, qui a la bonne fortune de posséder comme représentant M. Siegfried, possède de très importants groupes de jardins, dont la plupart des tenanciers sont devenus propriétaires.

La *Société Havraise des Logements Economiques*, ne pouvant construire à la fois les 1.520 maisons que comporte son plan de cité-jardin, a décidé de distribuer aux ouvriers, en jardins à cultiver, trente hectares sur les cinquante-sept qu'elle a achetés. Mais la Société des Jardins de Frileuse déplore amèrement pour ses bénéficiaires l'élévation formidable du tarif des transports des bicyclettes et l'incommodité des horaires.

Le centre *Lille-Roubaix-Croix-Tourcoing*, qui présente à lui seul une importance égale à celle de certaines provinces, fait plus que maintenir son chiffre de jardins d'avant-guerre : il l'accroît chaque jour.

Là aussi un essai de groupement régional se manifeste. Les quatre sociétés de *Roubaix* constituent une Fédération, qui groupe 1.500 jardins.

La Société de *Tourcoing*, grâce au zèle éclairé de ses directeurs, M. Fernand Dewavrin et M. l'abbé Lehembre, témoigne d'une vitalité puissante, qui se manifeste notamment dans l'excellent Bulletin qu'elle publie régulièrement pour ses « courtieux », en dépit de la cherté du papier.

D'*Avesnes* nous parvient une constatation curieuse : le directeur de l'OEuvre déclare que les forts salaires ont eu comme résultat l'abandon du jardin par certaines familles ouvrières, devenues les habituées du cinéma.

De l'autre bout de la France, de *Nîmes*, s'exhale une plainte analogue. Les jardins seraient recherchés par les employés et les petits fonctionnaires, et délaissés par l'élément ouvrier.

Passons à l'Est, et, pour la première fois, avec une émotion joyeuse et profonde, prononçons dans notre Congrès National le nom de la chère cité reconquise : *Strasbourg* !

. Salut, noble cité dont la perte cruelle endeuilla notre enfance, assombrit nos plaisirs ! Nous voyons aujourd'hui ce que ton sol, ton ciel, les vertus de tes fils apportent à la France. Nous voyons à quel point tu nous es nécessaire.

Les premiers jardins ouvriers ont été créés à Strasbourg au nombre de 80, par le bureau de bienfaisance, sur l'initiative de M. le Dr Garcin, en 1908. En 1919, l'administration de tous les jardins établis tant en ville que dans la banlieue passe aux mains de la Municipalité, qui crée à cet effet un Office spécial.

Cet Office concède directement aux intéressés, par parcelles isolées, les terrains aménagés en jardins, et ce moyennant un loyer de 3 à 4 francs par are. Mais le jardinier peut être indigent, mutilé de guerre, chef de famille nombreuse : alors intervient la « Société pour le développement des Jardins ouvriers ». Cette société, indépendante de l'Office Municipal, a pour but d'encourager et de développer les Jardins ouvriers. Elle organise des conférences, donne des instructions pratiques, distribue des primes, assure des jardins aux familles indigentes, aux mutilés, etc.

La superficie totale des Jardins ouvriers de Strasbourg en 1920 atteint 108 hectares, divisés en 2.760 parcelles.

A *Charleville*, la Société « La Paix sociale » a pu acheter récemment 8 hectares, qu'elle va convertir en jardins.

A *Montereau*, M. Petit fait en faveur des Jardins ouvriers un legs de 25.000 francs.

A *Paris* enfin, l'Œuvre des jardins a pris un développement considérable du jour où le Génie a mis à la disposition de la Ligue du Coin de Terre les terrains des Fortifications.

Enhardis par ce succès, nos jardiniers se sont élancés à l'assaut des Forts, ont enlevé les glacis, les fossés et les chemins de ronde, transformé le triste et dur gazon en plates-bandes généreuses où poussent maintenant les légumes et les fleurs. Les forts du Sud sont tombés tous les six entre leurs mains, ainsi que ceux de Saint-Denis.

Huit arrondissements parisiens ont aujourd'hui leur œuvre de Jardins ouvriers, créée et administrée par la municipalité : ensemble 2.905 parcelles.

Les Sociétés de Saint-Vincent-de-Paul mettent 800 jardins à la disposition des familles qu'elles secourent.

La Société des Jardins ouvriers de Paris et Banlieue et œuvres affiliées en compte près de 3.000.

Au total environ 7.000 jardins pour la région parisienne.

*
* *

Permettez-moi, Mesdames et Messieurs, de terminer mon rapport en dégageant les faits originaux que nous révèle l'enquête que le Congrès vient d'instituer sur le développement des Jardins ouvriers au cours de ces années dernières.

C'est d'abord le rôle joué par les municipalités, notament à Paris et dans les régions envahies. Il y a là une révolution dans nos habitudes ; mais, grâce à l'union sacrée, l'intervention directe de corps soumis à l'élection n'a pas produit les inconvénients qu'on aurait pu redouter. Le rôle des municipalités, très important, a été très fécond.

C'est, en second lieu, l'utilisation pendant la guerre des terres abandonnées, au moyen de la réquisition, procédé un peu brutal qui renverse certains vieux préjugés sur le droit de propriété, mais qui a l'avantage d'être expéditif.

C'est enfin l'appui du gouvernement accordé à nos œuvres. La neutralité bienveillante du passé a fait place à une action effective qui s'est exercée par ses différents ministères : Agriculture, Guerre, Intérieur, et par tous ses agents administratifs.

Certes, nous ne pouvons nous attendre à ce que des moyens aussi puissants continuent d'être mis au service de l'idée qui nous réunit tous aujourd'hui, mais une impulsion nouvelle a été donnée.

Le mouvement créé par la Ligue du Coin de Terre et du Foyer, il y a vingt-quatre ans, a pris une ampleur inattendue.

Profitant de la vitesse acquise, à nous maintenant de l'organiser, de le poursuivre avec des procédés normaux, et surtout avec cette foi, cette conviction profonde, cet enthousiasme, qui sont la condition du succès.

DISCUSSION

Mgr Julien. — La parole est à ceux d'entre vous, Messieurs, qui désireraient présenter quelques observations de nature à compléter l'excellent rapport de M. Droulers.

M. Bungurauu (de Strasbourg). — Je tiens à vous remercier, Mesdames et Messieurs, des applaudissements dont vous avez salué tout-à-l'heure l'évocation des Jardins de Strasbourg, et et de ceux dont vous saluez en ce moment leur représentant. Nous savons comme les Alsaciens sont accueillis partout en France... Merci! — Mais nous ne faisons que notre devoir comme vous : nous partageons donc applaudissements et félicitations avec vous tous, qui faites ce que nous faisons.

Nos jardins de Strasbourg, comme il vous a été dit tout-à-l'heure, ont été organisés d'abord par le Bureau de Bienfaisance, puis par la Société d'Hygiène Publique, et par la Municipalité, sous la direction de laquelle les différentes œuvres se sont, en fin de compte, unifiées.

Mais le bureau qui marche le mieux ne remplace pas le cœur. A côté de cette organisation municipale et pour la compléter, il a paru bon de créer une Société pour le développement des jardins ouvriers : cette société ajoute au don du Jardin des primes de naissance, des secours de loyer; elle procure aux jardiniers des graines à bon compte par le moyen d'achats en commun; elle organise des conférences, des concours, et décerne des diplômes pour encourager la culture.

Nos jardins de Strasbourg ont produit, en 1920, 1.800.000 fr. de légumes.

L'honneur n'en revient pas à nous, Mesdames et Messieurs, mais à nos ouvriers qui ont fait ce travail à la sueur de leur front. Pour eux, j'accepte vos applaudissements, et je les transmettrai volontiers à Strasbourg.

M. Paul Bacquet. — M. Droulers a signalé dans son rapport les 600 jardins de Boulogne. Boulogne est un exemple, en effet, de l'extension qu'a prise l'Œuvre des Jardins ouvriers au cours des dernières années.

En formant à Boulogne, en 1911, une section de la Ligue du Coin de Terre, je n'avais fait que recueillir de petites œuvres qui périclitaient, m'efforçant d'augmenter peu à peu le nombre des jardins. Et il en fut ainsi jusqu'à la guerre. Aujourd'hui, au contraire, nous avons des concurrents; la Ligue des Familles nombreuses nous a même subtilisé un de nos terrains; la Ville aussi s'est mise à faire des jardins.

Mais, dans beaucoup de ces jardins, le résultat matériel est seul assuré. Le bienfait moral et social est négligé. Car le contact personnel fait défaut : nul n'est là pour réaliser ce bien très grand qui s'accomplit si simplement par le seul fait qu'on rend visite à un jardinier, et qu'on lui demande des nouvelles de ses carottes et de ses navets !

Actuellement, nous essayons donc, non de confondre toutes ces œuvres (Bureau de Bienfaisance, Paroisses, etc. etc.), mais de grouper dans le cadre de la Ligue du Coin de Terre et du Foyer les jardiniers de chacune d'elles ; surtout, nous cherchons à établir un contact entre les hommes de bonne volonté qui les dirigent et qui doivent être eux-mêmes, pour que l'œuvre ait toute sa portée morale et sociale, les « jardiniers des jardiniers ».

M. Guillard. — Je demande à combler une lacune du rapport : pendant la guerre, à côté des potagers militaires et des jardins de Frileuse, la municipalité du Havre a pris l'initiative de créer 250 jardins, qu'elle a mis gratuitement à la disposition des familles nombreuses, en dehors de toute préoccupation politique. Depuis lors elle a acquis le terrain pour en doter la Société d'Habitations à bon marché.

M. l'abbé Lemire remercie M. Guillard de ce complément d'information et prie les congressistes de remettre au lendemain la suite de leurs observations, vu l'heure avancée et le désir éprouvé par tous d'entendre la parole de Mgr d'Arras.

Discours de Mgr Julien, évêque d'Arras.

Mesdames,

Messieurs,

Le visage de la France, je parle en ce moment de son visage moral, offre bien des aspects divers, mais, sous tous les aspects, il est agréable à regarder. Tout-à-l'heure, en écoutant avec l'attention qu'il méritait, l'intéressant rapport de M. Droulers sur les jardins ouvriers pendant la guerre, je ne pouvais m'empêcher d'aimer davantage encore cette chère France, qui a su concilier au cours de ces cinquante-deux mois de lutte tragique, des obligations presque contradictoires : celle de faire front sous toutes les armes aux chocs répétés de la horde envahissante, et celle de s'adonner aux travaux indispensables de la vie économique, tenant d'une main le fusil pour défendre le sol national et de l'autre maniant la bêche pour le cultiver.

Ne vous semble-t-il pas que la culture des jardins, ouvriers ou non, a été, parmi les horreurs de la guerre, comme le sourire du vieux terroir français à ses enfants qui se tournaient vers lui?

Et, sans doute, c'est d'abord pour avoir de quoi manger que l'on multiplia les jardins en temps de guerre; et ce n'est certes pas pour le plaisir des yeux que les châtelaines de France ont alors changé leurs pelouses en carreaux de pommes de terre!

Mais ce fut là, aussi bien, un geste de confiance et de bravoure, un signe de calme et de sérénité, un appel à la terre natale, dont chaque motte devenait de plus en plus précieuse depuis qu'elle avait autre chose à faire que de pousser du gazon et des fleurs. Elle avait à faire la guerre, elle aussi; là-bas, à la frontière, en se creusant pour servir d'abri à ses défenseurs, ici, en se donnant tout entière pour les nourrir.

Les jardins de guerre ont-ils beaucoup rapporté? Je ne sais, mais je suis certain qu'ils ont eu une heureuse influence sur l'âme de la Patrie.

Et pour cela je les citerais volontiers à l'ordre du pays.

Je connais d'autres jardins encore qui ne sont pas moins méritants. M. l'abbé Lemire, député d'un département ravagé, les connaît aussi bien que moi. Il fallait les voir au printemps de 1919. Quelques habitants des régions dévastées, les plus hardis, commençaient à rentrer et à s'installer dans les décombres de leurs

maisons. Ils n'avaient rien, que leurs bras, et ne pouvaient encore songer à la culture des champs. Seul, ce
qui avait été leur jardin pouvait renaître. Bien vite
ils s'étaient mis à la besogne, et en parcourant alors les
villages détruits de mon diocèse, j'ai eu sous les yeux
ce spectacle à la fois triste et consolant : çà et là, un
petit lambeau de terrain arraché aux ruines s'était en
peu de temps couvert de légumes et même de fleurs.
Ainsi, dans ce chaos de la dévastation et de la mort,
les choses avaient recommencé par le commencement.
L'homme, jamais découragé, avait rétabli tant bien que
mal le jardin d'où l'avait chassé la barbarie. La maison,
l'atelier, la ferme, ne viendraient qu'après. C'est par le
jardin, refait avec amour, que le paysan reprenait contact avec son foyer, son village, son pays, comme avec
les restaurations de l'avenir.

C'étaient bien là des jardins ouvriers, qu'en dites-vous,
cher M. LEMIRE? si par jardins ouvriers il est permis
d'entendre non-seulement les jardins mis à la disposition des ouvriers, mais ceux-là aussi que le tenancier,
ouvrier ou non, cultive à la sueur de son front.

A ce compte, il y a plus de jardins ouvriers qu'on ne
le croit d'ordinaire. Je donnerais volontiers ce nom au jardin du presbytère. Qui n'a eu le plaisir de rencontrer le
curé amateur de jardinage? Le jardin du curé, c'est tout
un monde : pas seulement des légumes, mais des arbres
fruitiers, mais des fleurs, mais des abeilles! Craignez-vous
que la paroisse en soit moins bien cultivée? Moi, non.
Un curé bon jardinier ne peut manquer d'être un bon sar-
cleur d'âmes : il respectera les saisons liturgiques comme
les saisons climatériques. Et puis, le curé de campagne
est peut-être devenu le plus pauvre de la paroisse.... En
attendant les jours meilleurs auxquels il a droit comme
tout le monde, aimons et bénissons le jardin qui est le
« casuel » supplémentaire que le Ciel lui envoie.

Mais je m'attarde, Mesdames et Messieurs, à la porte du jardin de l'ouvrier, qui est proprement l'objet de ce Congrès, et que je voudrais envisager du point de vue qui intéresse naturellement un évêque, je veux dire du point de vue moral.

*
* *

Je crois fermement à un certain charme que le jardin exerce sur le jardinier. Donnez-moi un ouvrier qui aime son jardin, et vous verrez se faire en lui une heureuse transformation. Tout l'être y aura profité, l'homme, le père de famille, le citoyen. Des jardins ouvriers se dégage une triple vertu, morale, familiale, sociale. C'est un peu de psychologie que je vous demande de faire ensemble.

Si le jardin est moralisateur, ce n'est pas tant pour ce qu'il rapporte à l'ouvrier qui prend la peine de le cultiver. C'est, d'abord et surtout, qu'avant d'en tirer un profit matériel, l'ouvrier trouve une jouissance toute platonique et bienfaisante dans la possession d'un jardin. Dans tout jardinier il y a un homme, et dans tout homme il y a un poète qui s'ignore souvent. Il n'est pas besoin d'être raffiné comme le bon Horace, l'ami d'Auguste et de Mécène, pour exprimer le vœu qu'il a rendu classique : « Un coin de terre de grandeur raisonnable, et, dedans, un jardin, et près de la maison une source d'eau vive![1] » Oui, un bon petit coin de terre sous un grand coin de ciel, où l'homme se fasse une sorte de solitude, un chez soi agrandi, où il soit à l'aise, où il se sente libre, où il puisse rêver s'il aime rêver, où il puisse penser s'il le veut, ou bien ne pas penser du tout, s'il lui plaît.

---

1. « Hoc erat in votis : modus agri non ita magnus
Hortus ubi et tecto vicinus jugis aquæ fons. »
(Horace).

Le jardin est un cadre qui finit par réagir sur le portrait :
il en vient à façonner le jardinier à son image, ou du
moins à lui communiquer sa vertu calme et reposante.
D'ordinaire nous regardons la nature à travers les cou-
leurs tristes ou joyeuses de nos sentiments. Ici, l'état
d'âme, c'est le jardin qui le produit, surtout si le jardin
est notre œuvre. Le prophète Jérémie, qui ne se lamentait pas toujours, parle d'un temps ou l'âme des humains
sera comme un jardin arrosé par des eaux courantes.
Ce temps, sans nul doute, sera le temps où tout le
monde cultivera en paix son jardin.

Poète à sa manière, c'est-à-dire désintéressé, c'est-à-
dire encore plus humain, l'ouvrier qui a son jardin ne
cesse pas de l'être, même alors qu'il s'applique à faire produire à son coin de terre force légumes et force fruits.
Le plaisir de les devoir à son labeur et à ses soins est
plus grand encore que la satisfaction du produit économique. Le travail professionnel, quel qu'il soit, d'intelligence aussi bien que des mains, a beau faire vivre son
homme, et partant être indispensable, il a précisément le
tort d'être obligatoire ; il fait peser sur nous un joug ; il
devient parfois à la longue pénible comme un esclavage.
Or, voici que, sa journée faite, l'ouvrier met le pied dans
son jardin. Là, c'est le travail libre ; personne ne commande, personne ne presse. C'est du travail encore,
mais du travail aimé, presque un repos. Et le profit en
est pour lui et pour les siens. Double joie : manger des
légumes frais, et qui n'ont rien coûté ; car il ne compte
pas sa peine.

Vous pensez peut-être que l'âme de l'ouvrier n'est pas
susceptible de ces délicates jouissances, et que je la
regarde à travers mes réminiscences virgiliennes ?

Oui, en effet, tout en vous parlant du jardin très
moderne de l'ouvrier, j'ai dans la mémoire les vers
harmonieux de Virgile immortalisant ce vieillard des

Géorgiques, lequel, avec quelques arpents d'un sol abandonné et broussailleux, avait réalisé une oasis. Son jardin était son royaume ; il était plus heureux qu'un roi. Songez ! après un jour bien employé, il avait le plaisir de ne goûter qu'à des choses qu'il avait récoltées. Et puis, il était fier de ses primeurs : il avait les premières roses au printemps, à l'automne les premiers fruits ! Est-ce donc que le secret de ces joies simples serait à jamais perdu ? Est-ce que l'ouvrier est incapable de cette poésie naturelle des âmes qui mettent du goût à ce qu'elles font ? Est-ce que l'amour-propre de présenter au concours le jardin le mieux soigné n'est pas une satisfaction noble, et par conséquent bien française ?

Ajoutez à cela, pour mettre notre dernier trait au tableau, une jouissance d'une qualité supérieure encore. C'est la conscience qui parle à l'ouvrier dans son jardin et lui tient à peu près ce langage : « C'est bien, mon brave ami. Tu es mieux ici qu'au cabaret. Ici, tu ne gaspilles pas du moins ton argent et ta santé. Tu as des camarades qui ne savent comment tuer le temps que leur laisse la journée de huit heures : ton jardin, voilà ta récréation. Après cela tu dormiras mieux, et tu auras, par-dessus le marché, ton Dimanche en entier pour faire ton devoir de chrétien et te distraire ensuite avec ta famille ».

En effet, Mesdames et Messieurs, tout ce qui élève l'homme est autant de gagné pour le père de famille. Nous prêchons abondamment — quand je dis nous, je ne parle pas seulement de ceux qui font profession de prêcher — nous prêchons tous abondamment à l'ouvrier le devoir familial, l'obligation de vivre de la vie de famille, de rester fidèle au foyer et de se plaire dans la compagnie de sa femme et de ses enfants. Hélas ! nous oublions d'offrir à l'ouvrier l'intérieur agréable qui le retiendrait ! Combien de logements, loin d'attirer le mari,

le rejettent au dehors, faute d'air, faute de lumière,
faute d'attrait, enfin ! Que de vertus ont besoin, pour être
acceptées et mises en pratique, de se présenter dans un
cadre approprié ! Il existe un certain niveau d'hygiène et
de confort au-dessous duquel la morale n'élit guère domicile. Un logement convenable, c'est donc le principal ;
mais un jardin a son importance aussi pour retenir le
père au foyer. La maison, même confortable, est toujours
trop étroite, si le jardin ne la prolonge et ne l'agrandit.
Le jardin n'est plus seulement le potager qui donnera
la bonne soupe et le bon pot-au-feu, c'est pour les enfants
le but de promenade, l'enclos où ils réserveront un coin
pour leur ébats. Ils y joueront avec plus de plaisir
qu'ailleurs. étant chez eux et pouvant dire à leur manière : « Voilà notre place au soleil ». Le père, en les
voyant grandir sous ses yeux, comprendra mieux ses
responsabilités à leur égard, il aura souci de leur donner
l'exemple du travail et de peiner encore plus pour leur
assurer un meilleur avenir. Eux-mêmes prendront dans
l'amour du jardin familial le goût des divertissements
simples et naturels, et ils seront portés à faire plus tard
ce qu'ils auront vu faire.

Ce qui est au bénéfice de la famille est tout autant à
l'avantage de la Société. Un bon père de famille est né-
cessairement un bon citoyen. La famille est l'embryon
de l'organisation sociale. Les éléments constitutifs de la
famille se retrouvent, avec des proportions et des combinaisons différentes, dans le corps d'une nation. L'autorité, le sentiment du respect, la prévoyance et la sta-
bilité, voilà les bases de la famille et pareillement celles
de la Société. C'est déjà une bonne école pour un citoyen que d'avoir été « bien élevé », comme on dit, et
une école meilleure d'avoir à son tour bien élevé ses
enfants.

Est-ce à dire que le bon citoyen n'aura pas le droit et

le devoir de se préoccuper des problèmes politiques ou des problèmes sociaux qui sont l'inévitable tourment des nations modernes en travail de progrès? Non, je n'interdirai pas à l'ouvrier de s'intéresser aux questions, vitales pour lui, que soulèvent aujourd'hui les rapports du travail et du capital. Mais je veux qu'il reste bon citoyen, comme il est bon père de famille, c'est-à-dire qu'il ne détruise pas en rêve ou en action la cité présente, sous le prétexte d'en rebâtir une autre qui ne peut pas exister, à moins de reproduire la première sous un nom nouveau, avec les anciens éléments dont aucune société ne peut se passer, l'ordre et la propriété. En conséquence, pour l'empêcher de construire en l'air un régime d'utopie, je souhaite qu'il cultive un jardin. Ayant les pieds sur le sol, il ne perdra pas de vue le possible et le réel, et en arrosant ses plantes, il se laissera conduire par la douce leçon du poète :

Tout bonheur que la main n'atteint pas n'est qu'un rêve.

Il rectifiera à la mesure d'un coin de terre qui soit à lui toute sa doctrine sociale. Je ne crains pas que cet enclos où il est le maître, en le rendant propriétaire, le rende égoïste et indifférent aux intérêts de sa profession. Il sera, je le veux bien, un fervent syndicaliste, mais il comprendra qu'il existe dans un pays tel que la France autre chose que sa profession, autre chose même que toutes les professions réunies, et que, même après les appétits légitimes satisfaits, même après les inégalités entre le capital et le travail réduites à un meilleur équilibre, même après une nouvelle montée des classes ouvrières vers plus de bien-être et plus de justice, il restera encore quelque chose à faire pour que l'homme tel que Dieu l'a fait n'ait plus rien à désirer.

Grâce à Dieu, en effet, tout le bonheur ne se ramène pas à la paix rétablie entre les consommateurs et les producteurs, et toute l'organisation sociale ne tient pas dans le simple contentement des aspirations inférieures de l'humanité. Son travail fini, son pain assuré, l'homme, quel qu'il soit, patron, ouvrier, artiste, aura toujours quelque part, au propre ou au figuré, son jardin à cultiver.

Du *propre* sort le *figuré*, car même s'il ne s'agit que de produire d'humbles légumes, c'est déjà un exercice d'affranchissement qui soustrait l'ouvrier à la tyrannie du métier et lui donne le sentiment qu'il n'est pas seulement un outil dans l'immense atelier national, mais un homme dans la société des hommes, par l'usage intelligent qu'il fait de sa liberté.

De plus, en levant les yeux en haut et en réfléchissant sur un ordre éternel qui domine l'ordre matériel autant que le ciel est au-dessus de la terre, notre ouvrier entrevoit que chacun porte en son âme un « jardin fermé » qu'il a le devoir de ne pas laisser inculte après la tâche quotidienne terminée. C'est le jardin de l'idéal, de cet idéal si voilé dans le monde, où le bruit des machines empêche les hommes de s'entendre parler et même de penser. Idéal de la vérité, que cherchent avec passion les esprits désintéressés, qui n'attendent d'elle que la joie de l'avoir trouvée. Idéal de la beauté, que poursuivent sans jamais l'atteindre ceux qui l'ont entrevue dans un rêve et qui s'efforcent de fixer l'insaisissable dans les formes imparfaites de l'art. Idéal de la fraternité humaine, toujours célébré depuis l'Evangile, et si cruellement déçu par suite des guerres, des désordres civils et des injustices privées, mais qui renaît sans cesse de ses propres déceptions. Idéal de la religion, surtout, dans lequel tous les autres se fondent et s'unifient et se rejoignent, pour remonter à leur source, à leur fin, à leur récompense, à Dieu !

O jardins de l'idéal, c'est en vain que les brutalités de la vie chassent loin de vous vos amateurs ! Ils vous reviennent toujours. Comme les jardins ouvriers sont un besoin pour le passe-temps du travailleur, ainsi, pour tout homme qui veut s'arracher à la dure réalité, à commencer par l'ouvrier lui-même, vous êtes un charme, une délivrance, une vertu. O jardins de l'idéal, c'est pour vous avoir cultivés avec ardeur au cours des siècles que la France en est devenue la plus belle des nations. Dieu veuille que tout le peuple de France se reprenne à vous aimer, à vous cultiver, à vous faire fleurir à nouveau! Vous nous venez tous comme des souvenirs de ce jardin primitif que Dieu planta pour le bonheur de sa créature et dont nous portons avec nous l'inguérissable nostalgie.

Ouvriers d'une destinée immortelle en même temps que d'une tâche temporaire, accomplissons notre double labeur en conscience. Travaillons au jour le jour pour le salaire du temps; mais, en vue d'atteindre l'idéal qui est hors du temps, gardons tous, Mesdames et Messieurs, quelques loisirs pour cultiver notre jardin.

M. l'abbé Lemire. — Je suis l'interprète de tout cet auditoire, où sont réunis les plus anciens et les plus dévoués amis de notre Œuvre, pour vous remercier, Monseigneur, d'avoir daigné lui consacrer les paroles que nous venons de recueillir de vos lèvres et de votre cœur.

Vous avez célébré la portée morale, familiale, sociale et patriotique de nos chers Jardins.

Partant de ces humbles clos que l'ouvrier cultive pour satisfaire aux besoins de sa famille et aux bons instincts de son cœur, comme toute âme noble qui dégage des plus simples choses de très grandes leçons vous vous êtes élevé plus haut, jusqu'à ce jardin de l'idéal que tout homme a le devoir de cultiver.

En rappelant ainsi les nobles pensées qui doivent inspirer nos œuvres, vous en avez dégagé, Monseigneur, toute la beauté et toute la philosophie.

Au nom de tous, je vous remercie.

La première séance est levée.

DEUXIÈME SÉANCE

Samedi 6 novembre, à 9 heures.

Les Jardins ouvriers
et la Décongestion des villes.

PRÉSIDENCE DE M. GEORGES NOBLEMAIRE,
député des Hautes-Alpes.

M. l'abbé Lemire ouvre la séance et remercie M. Noblemaire d'avoir bien voulu en accepter la présidence, fidèle en cela à une tradition de famille.

« Le 13 décembre 1908, lui dit-il, votre vénéré Père présidait ici même l'Assemblée générale de nos Jardins ouvriers de Paris et Banlieue. Il nous disait ce jour-là ce que les compagnies de Chemins de fer, et en particulier le P. L. M. avaient fait, d'une part pour procurer à leur personnel des jardins à cultiver, d'autre part pour mettre à la disposition de la Ligue du Coin de Terre les terrains qu'elles n'utilisaient pas encore afin de leur donner un bienfaisant emploi provisoire. Il nous le disait avec un sentiment profond du devoir social qui incombe au patronat, sous quelque forme qu'il s'exerce.

Et vous, mon cher collègue, qui avez montré déjà, dans cette autre enceinte où nous nous rencontrons, que vous étiez de ceux qui ne craignent point la belle hardiesse des initiatives généreuses, vous venez à nous, à votre tour, animé du même esprit et représentant la même tradition, pour nous dire en particulier aujourd'hui ce qui peut être fait pour nos familles ouvrières en vue de leur faciliter l'accès de ce petit jardin, que les conditions de la vie moderne dans nos grandes villes font chaque jour plus éloigné de leur demeure.

Question modeste, qui devient pour nos œuvres une question vitale.

Soyez remercié de l'avoir compris.

Discours de M. Georges Noblemaire.

MESDAMES,

MESSIEURS,

Je veux que mon premier mot soit d'excuses pour la témérité avec laquelle j'ai accepté de laisser mon nom figurer à côté de ceux des hommes éminents ou illustres, qui ont présidé ou vont présider les autres séances de votre congrès. C'est l'abbé Lemire qui l'a voulu : on ne résiste pas à l'abbé Lemire ! surtout quand il attribue au trop modeste nom de celui qu'il presse une signature d'amitié sociale par laquelle il sait bien « qu'il l'aura » — plus encore quand il lui dit ces quatre simples mots : « Vous me ferez plaisir » ! Que ne ferait-on pour faire plaisir au vénéré et très aimé collègue qui vous a donné, Messieurs, le meilleur de sa tête solide et de son cœur ardent? Il a, lui, dans sa vie, fait plaisir à tant de gens !

L'objet propre de la réunion de ce matin est l'étude des moyens matériels pour décongestionner les villes, et perfectionner les transports qui vont des champs à la ville et surtout de la ville aux champs.

Assurément il vaudrait mieux n'avoir pas besoin de faire cette étude, enregistrer les progrès tant souhaités d'un bienfaisant retour à la terre, et laisser les campagnards à la campagne. Mais, tout de même, c'est d'abord pour des citadins que vous voulez cette navette entre le macadam et les guérets ; et si, parmi ces citadins il en est trop qui sont d'anciens terriens, n'est-ce pas œuvre pie que de leur faire, périodiquement, et le plus souvent et le plus aisément possible, revoir les beautés et goûter la saveur de leur bonne nourricière ?

Nos campagnards — « O fortunatos nimium.... » Eh oui ! et qui savent, aujourd'hui mieux qu'au temps de Virgile, ce que valent, après guerre, leurs biens !

Dans l'hymne à la France que notre ami François Marsal entonnait il y a quinze jours à Strasbourg, il notait la transformation sociale profonde que réalisent en nos campagnes les mutations de la propriété : aux métayers la moitié n'a pas suffi, les fermiers ont acheté leurs fermes et les salaires des ouvriers agricoles ont au moins triplé.

Certes la vie s'est faite plus coûteuse, là comme ailleurs, mais on y trouve encore, de-ci, de-là, certaines denrées qui n'y sont point à des prix aussi fous que partout ailleurs. Et les conditions de l'existence s'y sont faites généralement meilleures et plus larges qu'avant la guerre.

Pourtant les agriculteurs, surtout journaliers ou manœuvres, veulent encore moins y rester !

Est-ce que leurs instincts de sociabilité ont été développés par les 52 mois de tranchées qu'ils ont faits sans désemparer, eux, nos glorieux paysans de France, qui n'ont jamais connu les embusqués, et qui ont ainsi sur nous une hypothèque magnifiquement sanglante ? Est-ce que les coudoiements de la foule leur sont devenus nécessaires, avec les parlotes de la coopérative ou du syndicat, avec parfois le café-concert, trop souvent le cabaret, et toujours le cinéma ?

Ce qui est certain, c'est que vous n'êtes pas près, Messieurs, de cesser d'avoir à faire prendre le bon air des vastes horizons aux prisonniers, volontaires ou non, de la Cité sans air et sans horizon. Et alors vous vous inquiétez, c'est d'élémentaire logique, de les *transporter*.

Je me souviens — c'est d'hier et ce n'est pas encore fini aujourd'hui — que tous les malaises dont nous fait souffrir l'après-guerre voyaient toutes leurs causes et tous leurs remèdes dénoncés dans la « crise des transports » par des économistes à œillères.

Aujourd'hui que, non sans un rude effort, demandé à la fois au labeur des exploitants et à la bourse des usagers, les transports sont à peu près remis sur pied, les malaises n'ont hélas! point cessé. C'est qu'ils avaient sans doute des causes moins occasionnelles et plus profondes, dérivant toutes de ce déséquilibre économique qui fait chanceler sur ses bases notre vieil édifice financier et nous incite à d'urgentes besognes, devant non se borner au ravalement des façades, mais bien aller jusqu'à la consolidation ou à la réfection des fondations mêmes.

C'est de cela, Messieurs, qu'avant d'ouvrir la discussion je voudrais, en ce qui concerne les entreprises de transport, vous dire un mot aussi substantiellement rapide que possible.

Des trains ouvriers, de l'admission des ouvriers dans les tramways urbains ou de pénétration et dans les railways souterrains, de la multiplication des uns et des autres, de la construction de lignes nouvelles, de l'électrification, etc. — votre Rapporteur vous dira l'essentiel, que les débats et vœux du Congrès achèveront de mettre en relief. Il n'est pas utile que je déflore ce que vous allez dire mieux que je n'aurais fait.

Je voudrais seulement vous rappeler la sagesse mélancolique de l'adage « *Primum vivere* ». — Avant de sol liciter, vers vos vues généreuses et pratiques, les compagnies de transports, il s'agit d'abord de savoir si elles vont pouvoir continuer de vivre, et comment? C'est cela que je voudrais essayer de vous dire.

**

Du nouveau statut des chemins de fer d'intérêt général, vous pensez bien que je ne vous ennuierai pas. Il est à l'ordre du jour dans le pays et va y venir au Parlement. Il est suffisamment connu ; ce que j'en pense (et qui n'a pas grande importance) l'est suffisamment aussi; je crois, pour que je n'insiste pas. Les Chambres vont avoir à ratifier les conventions intervenues entre le Gouvernement et les Compagnies, conventions qui dans l'ensemble, et la perfection n'étant pas de ce monde, sont sages pour le gouvernement, pour les compagnies, pour leurs actionnaires et pour leur personnel. Tout ce que je puis dire c'est que, si la participation et la collaboration de ce dernier sortent du prochain débat encore améliorées, ce n'est certes pas moi qui y aurai fait obstacle.

Et tout ce que je veux ajouter c'est que, pour l'objet même qui si justement vous occupe, il y a un intérêt capital à ce que le nouveau régime soit voté le plus tôt possible. Celui-là, ou tout autre également stable, mais de préférence celui-là, qui a l'avantage sur tout autre d'avoir été mûrement étudié et d'être, sauf ratification parlementaire, accepté par les deux parties, permettra seul aux réseaux les longs espoirs et les vastes pensées dont, pour leur part, vos jardiniers devront profiter.

Comment, par exemple, dans la précarité de leur statut actuel, les compagnies se lanceraient-elles dans l'électrification, pourtant si indispensable, de leurs lignes?

Si vous réfléchissez à tout ce que donnera d'aise à vos

amis et d'ampleur à votre action l'électrification des lignes de banlieue des grandes villes, vous insisterez de tout votre pouvoir — les grands résultats sont toujours l'intégration des petits efforts — pour que le nouveau régime soit voté avant la fin de l'année. C'est encore pour vous, pour vos jardins et pour vos jardiniers que vous aurez travaillé.

*
* *

Un peu moins sommairement, je voudrais vous parler maintenant des transports en commun, tramways urbains, tramways de pénétration, chemins de fer souterrains. A toute heure du jour, tous les jours, la semaine et le dimanche, c'est d'eux, bien plus que des chemins de fer, que doit être fait ce puissant et long courant continu qui portera vite, bien, et à peu de frais, vos jardiniers vers vos jardins.

Il faut que vous sachiez, Messieurs, qu'ils traversent une crise redoutable. A l'heure actuelle, exception faite (et encore!) des exploitations de lignes établies dans les tout-à-fait grandes villes, l'on peut affirmer que pas un réseau ne peut continuer de vivre, si le pouvoir concédant ne vient pas à son aide.

Dans les très grandes villes (4 ou 5 au maximum pour la France) les quelques Compagnies moins défavorisées doivent néanmoins, pour faire face à leur charges, obtenir l'autorisation de procéder à des relèvements de tarifs haussés jusqu'à cette extrême limite où l'impôt risquerait de tuer la matière imposable.

Dans tous les cas, et dans toutes les villes et tous les départements, les pouvoirs concédants se trouvent dans l'obligation de procéder amiablement — disons le plus amiablement possible — avec les Compagnies concessionnaires, à la révision et au remaniement complets des contrats de concessions en vigueur au début des hostilités.

Bien des combinaisons nouvelles sont possibles.

Je demande à écarter par la question préalable toute solution qui consacrerait le principe de l'exploitation directe des réseaux par les Municipalités ou les Départements.

Il est très digne de remarque que, parmi même les théoriciens les plus férus naguère d'Etatisme, à cause bien évidemment du contact avec les dures réalités de la guerre, il n'est plus aujourd'hui presque personne pour recommander pratiquement des solutions dont l'expérience a montré qu'elles étaient désastreusement coûteuses, et qui, de plus, risquent de mettre à la merci de la tyrannie des masses ce minimum d'autorité qui demeure indispensable au fonctionnement d'un service, même (et surtout) public.

L'Etatisme, c'est-à-dire l'exploitation en régie directe, écarté, il restera aux Municipalités ou aux Départements le choix entre deux solutions.

La première, laissant l'exploitation aux concessionnaires actuels, leur donnera les moyens de vivre, c'est-à-dire, sous forme d'augmentations de tarifs, de subventions, etc., la possibilité de faire face à toutes leurs charges. Et ces charges sont de trois sortes : 1° dépenses d'exploitation de tout ordre; 2° charges financières de toute nature; 3° rémunération convenable du capital engagé dans l'entreprise.

Je sais bien que, encore que le capital ait *seul* permis l'établissement des réseaux, ce « 3° » ne paraîtra point indispensable à tel réformateur, de l'école de Robert Macaire, qui me criait un jour : « On les aura, vos actionnaires ! »

Je lui ai répondu, et lui réponds encore aujourd'hui, que, les actionnaires, on ne les « aura » pas, car il faudrait

« avoir » d'abord l'esprit de confiance en la justice et d'espérance en l'avenir, sans lequel la production nationale
serait paralysée et le relèvement français impossible.

J'estime donc logique et équitable que le Capital-Actions (actions réparties, en fait et d'une manière générale, entre un très grand nombre de très petits épar-
gnants) soit entièrement respecté et convenablement
rénuméré ; et par rénumération « convenable » j'entends
un quantum ne s'éloignant pas trop du taux actuel du
loyer de l'argent.

Je pense bien que ce point sera contesté ; mais, en
bonne logique et en bonne justice, je ne vois guère de
milieu entre le respect de tous les droits, ceux des petits
actionnaires comme ceux des ouvriers, et l'abolition par
la force de la propriété privée.

Nous consentons ardemment, mes amis et moi, à ce
que la participation et la collaboration ouvrières entrent
de plus en plus dans notre loi et dans nos mœurs, et
nous y pousserons de tout notre pouvoir ; mais nous ne
consentirons jamais à ce que cette coopération du travailleur à la gestion des entreprises signifie l'éviction et
la dépossession du propriétaire. Et c'est pourquoi nous
voulons que le Capital-Actions (des intérêts duquel il
est vrai qu'on se préoccupait naguère peut-être trop
exclusivement, et c'est là l'explication de bien des mé-
sintelligences...) soit désormais et toujours l'objet d'un
traitement, non certes de préférence, mais de stricte
équité.

La deuxième solution comporterait le *rachat* des Sociétés Concessionnaires, soit amiablement, soit dans les
conditions prévues à leurs Cahiers des Charges respectifs.

Je ne suis pas à vrai dire partisan en principe du rachat. Quelles que soient les formules adoptées, elles
mettent sur le dos des Municipalités ou des Départements,
c'est-à-dire en dernière analyse sur celui des contribua-

bles, un poids fort lourd, lequel pourrait trouver des points d'application ou d'utilisation d'un rendement meilleur.

L'on peut cependant être obligatoirement conduit au rachat par l'impossibilité de procéder de quelque autre manière à la fusion, cependant nécessaire dans l'intérêt public, de plusieurs Sociétés concessionnaires. Tel est le cas qui s'est imposé au Conseil Général de la Seine pour résoudre la question délicate des omnibus et des tramways de Paris et de sa banlieue. Telle sera peut-être la solution qui s'imposera à ses négociations avec les concessionnaires des chemins de fer souterrains de Paris. Telle est, il faut bien le dire, en général, la tendance qui paraît le plus en faveur dans l'ensemble des Municipalités ou des Départements; et cela pour des raisons plus ou moins semblables à celles qui ont décidé les Corps élus de Paris et de sa banlieue.

Si le rachat de l'entreprise est donc décidé, le pouvoir concédant, après avoir racheté la concession, devra, à mon avis, se garder de l'exploiter directement, mais bien en donner l'exploitation à une *Société fermière*, qui sera chargée d'assurer l'exploitation des lignes sous forme de régie intéressée. Et il pourra advenir que cette régie soit encore plus fortement intéressée que celle qui est prévue dans le projet du Gouvernement pour les chemins de fer d'intérêt général.

Cette formule est à la mode, elle est fort séduisante ; mais, comme la langue d'Ésope, elle peut dire et faire et beaucoup de bien et beaucoup de mal. Pour qu'elle ne fasse que du bien, il faut que l'adjectif qualificatif « intéressé » ne soit pas un trompe-l'œil, et que le jeu respectif des intérêts minima garantis aux capitaux et de la prime de gestion promise à tous les intéressés et collaborateurs de l'entreprise, incite et même oblige les régisseurs ou fermiers à une bonne exploitation.

Quelle que soit, d'ailleurs, la forme des arrangements qui interviendront entre concédants et concessionnaires, il faut que leur premier effet soit de lier, le plus étroitement et le plus fortement possible, les intérêts de toutes les parties en cause.

Cette communion d'intérêts aura, entre autres avantages, celui de rendre possible, dans un temps plus ou moins éloigné, le remaniement des réseaux actuels dont la contexture ne correspond plus aux besoins de la circulation, ainsi que la création de lignes nouvelles, dont le but sera de décongestionner les centres industriels et de permettre à la population laborieuse de se loger en des points périphériques parfaitement sains, mais dépourvus jusqu'ici de moyens de communication. Et nous retombons ici, très précisément, dans votre domaine propre.

Mais la communion d'intérêts qu'il faut réaliser doit viser d'autres buts, et de plus élevés encore.

Dans le passé, trop de conflits se sont élevés. Il faut que, pour l'avenir, un point de vue moral et social supérieur soit toujours devant les yeux des contractants.

Je vous ai parlé plus spécialement de la solution financière des problèmes posés. Pourquoi ? Parce que, encore une fois, avant de philosopher, il faut vivre.

Mais vous savez assez que rien n'est possible sans la continuation, dans la vie industrielle et ouvrière de la France, de la grande amitié française contractée dans la tranchée.

Il va sans dire que dans mon esprit cette préoccupation morale et sociale domine tout ; que donc, dans la reconstruction des transports en commun, je demande que, architectes et maçons, se préoccupent, d'abord et toujours, de voir ce bon, cet indispensable ciment faire prise.

Car en vérité, cela, cela seulement, est la clé de tout.

***

Je vous ai parlé bien trop longtemps, Messieurs, de cette question de la réorganisation des transports en commun. Il faut me pardonner. J'étais et je demeure bien assuré qu'aucun de vous ne va maintenant envisager sous cet angle la question des transports. Vous conviendrez cependant qu'avant d'aviser aux moyens de faire mieux, à votre gré et pour vos desseins, tourner la machine, il n'est pas mauvais de vous montrer que la machine était littéralement à la veille de ne plus tourner du tout ! — Si l'on s'était avisé de ne pas laisser mourir la jument de Roland, comme elle aurait mené loin son chevalier ! — Si vous voulez que les transports en commun mènent loin, vite et bien vos jardiniers, avisez, Messieurs, au moyen de ne pas les laisser mourir !

***

Et maintenant je vais, avec quelle joie ! donner la parole à votre Rapporteur. Vous le connaissez et vous l'aimez. Donc pas de présentation à faire. Et c'eût été un peu le monde renversé que de me voir patronner devant vous qui se patronne si bien tout seul. — Nous aurions eu, il est vrai, lui et moi, de cette anomalie, une habitude qui remonte au temps où, capitaine qui réclamait à 55 ans le commandement d'une batterie de première ligne, le capitaine Duval-Arnould m'appelait son colonel...

Mon capitaine, vous avez la parole !

Avant de prendre la parole, M. Duval-Arnould demande qu'elle soit donnée à M. R. Georges-Picot qui a bien voulu se charger d'exposer les traits précis de la question soumise à l'attention du Congrès.

Rapport de M. Robert Georges-Picot.

Chacun de nos rapporteurs présente ses vues propres, et la personnalité de leur travail explique la diversité de leurs conclusions. Ils ne se rencontrent que sur un point : tous s'accordent à reconnaître la disparition progressive et rapide des jardins ouvriers du centre des villes. Partout le jardinier doit céder la place à l'entrepreneur ; partout il est réduit à chercher en banlieue le coin de terre que la ville lui refuse. Le temps n'est cependant pas bien éloigné où, à Paris même, l'ouvrier n'avait souvent qu'un pas de l'usine au jardin : on pouvait alors admirer un beau groupe de jardins quai Valmy, au centre d'un des quartiers les plus commerçants de la capitale.

Les temps sont bien changés : le dernier rapport annuel ne note plus pour Paris que 87 jardins « intra muros » et depuis lors le beau groupe des Buttes-Chaumont a été repris par la Ville, en sorte que sur les 7.000 jardins ouvriers de l'agglomération parisienne les murs de Paris ne renferment plus que trois petits groupes : au total trente-deux jardins.

A quoi bon déplorer le fait? Il s'impose à nous, inéluctable. Le même mouvement s'accuse en effet dans tous les grands centres : l'heure n'est plus aux jardins urbains, mais aux jardins de banlieue. Puisque la crise est certaine, faisons l'économie des vaines doléances et consacrons tous nos efforts à lui trouver un remède.

La grande banlieue offre des espaces illimités, et c'est bien le cas de dire avec le poëte que « c'est le fonds qui manque le moins », mais d'une part nous risquons d'assister à la transformation complète de notre œuvre, et de l'autre nous allons nous trouver sous la dépendance étroite des moyens de transports.

Le jardin ouvrier n'est possible en banlieue qu'à une double condition : 1° que l'ouvrier dispose de moyens d'accès pour s'y rendre à toute heure; 2° que sa famille puisse l'accompagner au moins le dimanche.

Tout d'abord l'ouvrier doit pouvoir se rendre à son jardin aisément, à peu de frais, et quelles que soient ses heures de loisir. Si le jardin, éloigné de dix à douze kilomètres, exige pour s'y rendre un trajet long et coûteux, l'ouvrier hésitera devant le temps et la dépense, il espacera ses visites et le jardin ouvrier manquera son but.

De même si le transport de la famille au jardin exige sept ou huit billets à plein tarif, la charge sera trop lourde, le jardin ne sera plus qu'un champ de culture pour le père, mais l'œuvre perdra son caractère essentiellement familial.

Tel est le problème que nous vous convions à examiner ce matin.

Supposons un groupe de jardins constitué dans la partie de la banlieue où se rencontrent encore des terrains à bas prix, à une dizaine de kilomètres de Paris. Voici un ouvrier métallurgiste qui a pris le le travail à cinq heures du matin. Il quitte l'usine à une heure et demie et songe, à peine le repas terminé, à gagner son jardin.

Deux moyens s'offrent à lui pour gagner Epinay, Fontenay-aux-Roses ou telle autre localité voisine, le tramway ou le chemin de fer. Mais le tramway entraînerait une dépense de cinquante centimes par trajet, force est donc à notre jardinier de préférer le chemin de fer.

Par économie il prendra un abonnement ouvrier qui va lui coûter moins de deux francs par semaine. Il gagne donc la gare à bicyclette et se présente à la consigne pour y déposer sa machine. On lui demande cinquante centimes pour l'y laisser deux heures. Il songe alors à l'enregistrer : même tarif prohibitif. Cependant la passion du jardin l'emporte, il fait la dépense et veut prendre le train. On lui refuse l'accès des quais, son abonnement ouvrier ne l'autorisant à prendre que certains trains déterminés du matin et du soir. En sorte que, si ce brave homme persiste dans son projet, il devra payer place entière, et que pour deux ou trois heures passées au jardin il aura dû débourser exactement deux francs. Le jardin ouvrier à un franc l'heure !

Voici le dimanche tant attendu : comment la famille va-t-elle gagner le coin de terre fleuri? Je sais que les Compagnies ont songé à la situation des familles nombreuses et qu'un tarif dégressif leur permet de voyager à prix réduit. S'ils sont tous au-dessous de dix-huit ans, les cinq enfants de notre famille-type vont donc bénéficier d'une réduction de 50 p. 100, mais la course au jardin entraînera encore une dépense de sept francs !

Que de difficultés à trancher ! Et notez que je simplifie le problème à dessein. Je ne mentionne ni la fermeture du guichet d'enregistrement dix minutes avant le départ, qui oblige l'ouvrier à perdre un quart d'heure d'attente chaque fois qu'il se rend à son jardin, ni les retards du réseau d'État que signale le rapporteur du Hâvre et qui mettent l'ouvrier dans l'impossibilité de se rendre au jardin avant le travail, dans la crainte qu'un retard trop prévu ne lui fasse manquer l'heure d'entrée à l'atelier.

Bien petites questions, direz-vous. Non pas. Nous sommes ici dans le détail de la vie pratique et le succès de notre œuvre dépend de la solution de ces petites difficultés.

Pour les résoudre nous savons du moins pouvoir

compter sur le concours des Compagnies. Elle nous ont déjà donné tant de preuves du sens social avec lequel elles entendaient aborder de tels problèmes que rien ne nous autorise à douter d'elles.

Ce concours je le précise en trois vœux :

1º Le premier est un vœu de nos amis du Havre qui s'inspire du régime des chemins de fers d'Alsace. Il est ainsi conçu : « Que sur les lignes de banlieue où le service des bagages est peu chargé, le voyageur soit autorisé à faire voyager sa bicyclette à prix réduit (0 fr. 10) lorsqu'il conduit sa bicyclette au fourgon et qu'il l'en retire lui-même ».

2º Que les compagnies de chemins de fer généralisent les dispositions prises par le P. L. M. et l'Etat, et que les cartes d'abonnement hebdomadaire donnent accès dans tous les trains omnibus ordinaires, de façon à permettre à l'ouvrier de se rendre à son jardin ou d'en revenir à toute heure du jour.

3º Que les Compagnies de chemins de fer et de tramways mettent à l'étude la question des abonnements du dimanche facilitant chaque semaine l'exode de la famille nombreuse au jardin.

La parole est à M. Duval-Arnould.

Causerie de M. Duval-Arnould,
député de la Seine.

MESDAMES,

MESSIEURS,

J'avais promis ma présence à votre Congrès : comment résister à M. l'abbé Lemire et à son éloquence familière, irrésistible, surtout lorsqu'il s'agit d'une œuvre d'une telle portée sociale?

Mais tout loisir m'a fait défaut pour préparer le rapport qu'il espérait de moi sur la question qui vous réunit aujourd'hui. Votre secrétaire-général, M. R. Georges-Picot, vient d'ailleurs d'y suppléer à merveille. Vous me permettrez donc de m'acquitter envers vous par une simple causerie.

La question posée ce jour au Congrès me rappelle un autre rapport, préparé en 1914 en vue d'un autre Congrès, un Congrès international touchant la question des Tramways et Transports urbains et suburbains, qui devait avoir lieu à Budapest, et où j'aurais représenté la Ville de Paris.... si la guerre n'avait pas supprimé le Congrès !

« L'Influence des réseaux de Transports urbains et suburbains sur le développement des villes et sur les habitudes sociales » : tel devait être l'objet de ce rapport.

Textes et notes sont encore là. Ils ont beaucoup vieilli. Cependant, en les feuilletant à votre intention, il m'a semblé qu'ils contenaient plus d'une chose intéressante concernant ce qui vous préoccupe aujourd'hui.

En vue de la documentation de ce rapport, un questionnaire avait été envoyé en 1914 dans toutes les parties du monde. Beaucoup des réponses faites à la seconde partie de ce questionnaire, relative à l'influence des moyens de transport sur les habitudes sociales, prouvaient que la question avait un peu déconcerté ingénieurs et compagnies : « ils ne voyaient guère... ils ne savaient trop... n'ayant pas envisagé ce point de vue.... » Ceci n'était point, d'ailleurs, pour étonner, le questionnaire ayant justement pour but d'appeler à l'avenir l'attention sur l'importance de cette question.

Comme conseiller municipal de Paris, en 1910, j'avais été l'un des artisans de ce qu'on a appelé la réorganisation des transports à la surface. Mais la réforme, dont quatre mois d'application avaient suffi à faire prévoir le succès, a été bouleversée par la guerre.

Aujourd'hui, hélas ! la question de l'abaissement des tarifs, en particulier pour la famille ouvrière, est dominée en ce qui concerne les transports parisiens par cette question préalable : *vivre*. Il est juste, d'ailleurs, de remarquer qu'on s'est montré, dans le récent relèvement des tarifs, excessivement modéré (par rapport à l'élévation générale du prix de toutes choses).

Mais j'en viens à l'objet propre de cette séance de votre présent Congrès — l'influence des moyens de transport sur la décongestion des villes — qui était l'un des points de l'enquête faite en 1914.

*
* *

Cette enquête a permis de reconnaître que la facilité des transports donnant accès dans les villes est bien, pour une part, primitivement responsable de cette congestion des villes : le premier mouvement a été, en effet, un mouvement centripète.

Mais depuis une vingtaine d'années on commence à observer le phénomène contraire.

La réforme de 1910, notamment, a été faite par le Conseil municipal et le Conseil général nettement en ce sens : donner aux travailleurs parisiens la possibilité d'aller chercher hors Paris l'air et la lumière dont la ville est pour eux trop avare, et lutter du même coup contre le développement de la ville en hauteur, contre les « gratte-ciel. »

De là, les tramways dits « de pénétration ».

Car le tramway demeurait alors le moyen de transport le plus efficace, la traction automobile n'étant pas encore au point. Aujourd'hui même, il reste encore le plus économique, le fonctionnement de ses lignes permettant de multiplier le nombre des voitures sans augmenter en égale proportion les frais, au contraire de ce qui se passe pour les lignes d'autobus.

Quand au Métropolitain, une question de législation et une question de prix de revient avaient alors imposé de l'arrêter aux Fortifications. Aujourd'hui, par suite du développement de la circulation dans la banlieue, la question se transforme : il existe un projet de ligne aboutissant au Pont de Saint-Cloud, et certains travaux de terminus aux Fortifications vont être exécutés en tenant compte d'un prolongement éventuel.

Grâce à la multiplication des moyens de transports, la banlieue s'est en effet peuplée plus rapidement que Paris au cours des années dernières. Ce développement s'est réalisé en particulier sous forme de lotissement de grands parcs, fait regrettable au point de vue artistique, mais à coup sûr appréciable au point de vue social.

Malheureusement, faute d'un plan d'ensemble, ces agglomérations se sont souvent formées dans de mauvaises conditions matérielles et morales, loin des ressources d'approvisionnement, loin de l'école et surtout loin de l'église.

L'Office départemental des Habitations à bon marché a dû prendre le parti de construire en grande banlieue, et même en Seine-et-Oise (Il faut remarquer en passant qu'il a eu là quelque mérite au point de vue des intérêts matériels et... électoraux) !

De là une nécessité plus grande de créer de nouveaux moyens de transports, aussi nécessaires en l'occurence que l'escalier est nécessaire à la maison.

On avait bien songé, à l'exemple de ce qui s'est fait à Londres, à édifier des habitations à bon marché dans la ville même, sur l'emplacement des quartiers expropriés (par exemple à propos du projet de percement de la rue de Rennes) afin de ne pas rejeter par force hors du quartier certains employés ou ouvriers que la nature de leurs occupations oblige à rester dans le voisinage. Mais la combinaison a été reconnue terriblement coûteuse : on a calculé que, pour une opération analogue faite à Londres lors de la destruction d'un « slum » insalubre, elle avait représenté une dépense de 1.200 francs par habitant, et qu'il eût été plus économique de doter chaque père de famille d'un cottage en banlieue avec carte de circulation !

D'après l'enquête de 1914, plusieurs villes au contraire avaient opéré avec succès la transplantation de la population expropriée au dehors de l'enceinte, dans un centre suburbain aménagé d'avance.

Pour desservir ces agglomérations de banlieue, il est nécessaire assurément de créer des lignes de transport dont la plupart ne peuvent primitivement faire leurs frais, mais l'équilibre peut généralement être obtenu dans l'ensemble par une répartition commune des bénéfices.

C'est là aussi, entre autres, une des raisons pour lesquelles, à Paris, on a dû accorder aux lignes de banlieue une large pénétration jusqu'au cœur de la ville : l'intensité du trafic *intra-muros* compense l'insuffisance du trafic *extra-muros* pendant les heures « creuses » de la journée, quand l'activité est concentrée dans la ville.

Aujourd'hui une conception plus large encore s'impose : il peut devenir nécessaire de créer même des réseaux qu'on prévoit déficitaires, pour obtenir un meilleur aménagement de la banlieue parisienne.

Il ne faut pas se laisser arrêter par la crainte d'encourager par là la spéculation des propriétaires de terrains riverains, mais savoir au contraire utiliser les intérêts privés qui peuvent collaborer à l'intérêt général (par exemple en appelant ces propriétaires riverains à devenir actionnaires de l'entreprise, non pour un bénéfice immédiat, mais en vue d'un bénéfice à venir).

[*]

De l'enquête de 1914 un autre fait se dégage qui paraît indiscutable, c'est que la multiplication des moyens de transports desservant la banlieue des grandes villes a eu tout au moins la plus heureuse influence sur l'emploi du dimanche dans la masse populaire. Que ce soit à Aix-la-Chapelle ou à Glascow, à Bordeaux ou à Paris, chaque dimanche un nombre considérable d'ouvriers se soustraient à la tentation du cabaret pour trouver l'air pur et les plaisirs sains de la campagne : ici la promenade, là la vie sportive, ailleurs les jardins ouvriers.

Seul, le personnel des compagnies de Tramways ou de Chemins de fer subit de ce fait le contre-coup fâcheux d'une surcharge de travail le dimanche (inconvénient qui peut être atténué d'ailleurs par l'organisation d'un roulement).

En ce qui concerne les jardins ouvriers, contraints à l'heure actuelle de s'éloigner de plus en plus de l'agglomération parisienne, il faut, pour compenser cet état de choses, s'efforcer de rendre les moyens de transports *plus nombreux*, *plus rapides*, et bien entendu *moins coûteux*.

La rapidité sera acquise par le progrès des procédés de traction, mais surtout par une coordination meilleure des différents moyens de transports, chemins de fer et tramways devant s'entendre et se compléter (harmonie des points d'arrêt, concordance des horaires, etc.) l'un étant plus rapide et l'autre plus souple, le chemin de fer étant comme le tronc commun, les tramways comme les tentacules qui rayonnent partout.

De plus en plus, en effet, le développement des jardins ouvriers deviendra une question de transports.

De là, pour les grandes villes, la nécessité d'avoir dans leur banlieue non-seulement une politique de peuplement (elle ne s'adressera jamais qu'à une minorité privilégiée), mais aussi un souci constant de maintenir et d'assurer à la masse innombrable de la population qui doit rester entassée dans la ville et dans les maisons à étages, la joie et le bienfait du petit coin de terre au soleil.

En terminant, je dois bien reconnaître pourtant qu'en présence du déficit actuel, il serait difficile d'obtenir des Compagnies une réduction de prix sous forme de billets de famille. Pareille réduction serait peut-être encore possible aux chemins de fer, dont la capacité est en quelque mesure élastique, elle ne le serait pas aux tramways dont la capacité est trop limitée, et où les frais se trouvent en conséquence beaucoup plus strictement proportionnés au nombre des voyageurs.

Le plus pratique actuellement serait d'obtenir un abaissement du tarif individuel pour les trains du samedi et du dimanche (au rebours de la coutume adoptée jadis par les Compagnies, qui élevaient leurs tarifs le dimanche!) Ce tarif du dimanche devrait être au contraire abaissé en vue de la circulation *familiale* de ce jour. S'il était abaissé pour tous, c'est bien en effet la famille qui s'en trouverait surtout favorisée, car le dimanche est par excellence le jour où l'ouvrier circule en famille.

Et cela pour le plus grand bien de cette œuvre éminemment sociale qu'est l'Œuvre des Jardins ouvriers.

M. Noblemaire remercie M. Duval-Arnould de cet exposé plein d'intérêt, de vie, de suggestions pratiques. Il n'oubliera pas pour sa part les desiderata du Congrès concernant les transports. La réalisation de ces vœux n'est pas en soi impossible, ni même très difficile. Mais l'heure actuelle est peu propice : il faudra sans doute patienter encore avant d'obtenir partout des réductions familiales. Le P. L. M. est déjà entré dans cette voie, cependant.

M. L'ABBÉ LEMIRE. — Le P. L. M. est toujours à l'avant-garde pour le bien !

M. NOBLEMAIRE. — Pour ma petite part, je suis tout acquis à la réalisation de ce programme. Soyez assuré que, conformément à une tradition de famille très chère, la Ligue du Coin de Terre aura désormais un coin, et un très bon coin dans mon cœur !

M. Noblemaire étant obligé de se retirer, la séance se poursuit sous la présidence de M. Duval-Arnould.

M. CHAUMET. — Aux vœux qui viennent d'être émis touchant la décongestion des villes à obtenir par le progrès des moyens de transport, je propose de joindre le vœu de la décongestion industrielle, à réaliser par le développement du Régionalisme.

M. L'ABBÉ LEMIRE. — Dans notre idée du Coin de Terre, il n'y a pas seulement en effet la préoccupation de ce morceau de terre matériel et limité qu'est le jardin, mais aussi la pensée de la terre natale, dont chacun, Breton, Flamand, Lorrain, porte au cœur le souvenir.

M. DUPONT (du Havre). — Je demande la permission d'émettre un vœu d'ordre tout pratique : il s'agit du *transport des bicyclettes* des ouvriers.

Au Havre, 2.500 ouvriers habitent en banlieue et font journellement usage de la bicyclette pour se rendre à leur travail. Or le transport de ces bicyclettes par le chemin de fer entraîne pour eux toutes sortes d'ennuis : frais d'enregistrement coûteux (0 fr. 50), obligation de dépôt un quart d'heure avant le départ du train, etc...

Ne pourrait-on obtenir des Compagnies qu'elles imitent en ceci l'exemple de ce qui se pratique en Alsace, où il n'y a pas obligation d'enregistrement pour tout parcours inférieur à 100 kilomètres : un simple « billet de bicyclette » autorise le voyageur à placer lui-même sa machine dans le fourgon après l'avoir étiquetée et à la reprendre, le tout pour 0 fr. 10.

M. l'abbé Lemire. — Je mets aux voix le vœu de M. Dupont, tendant à obtenir un abaissement des tarifs de transport et des facilités de dépôt et de retrait pour la bicyclette de l'ouvrier.

M. l'abbé Lernout. — Avec l'abaissement du tarif de transport, ne pourrait-on demander aussi l'abaissement du prix de consigne (0 fr. 50), que l'ouvrier évite généralement de débourser en déposant sa bicyclette chez le marchand de vin : solution aussi coûteuse assurément, mais plus tentante, et doublement regrettable...

M. Labussière. — On pourrait songer à la création d'abonnements de consigne à prix réduit. Mais les Compagnies ne tiennent pas tant à faciliter et à développer l'usage de la Consigne, service pour elles fort encombrant, et dont elles souhaiteraient plutôt se décharger.

M. Duval-Arnould. — Ne pourrait-on pas envisager des combinaisons préférables?. Quelque association, coopérative ou municipale, par exemple, qui installerait à proximité des gares un garage à bon compte, où les ouvriers pourraient non-seulement déposer leurs bicyclettes en garde, mais aussi trouver des bicyclettes à louer, ce qui éviterait des transports inutiles?

Mais ceci nous écarte un peu. Je propose que le vœu de M. Lernout soit joint à celui de M. Dupont, et que nous revenions à la question générale.

M. Guillard. — Nous réclamons comme un bien nécessaire le développement des moyens de transport autour de nos grandes villes et nous avons raison. Je crois cependant qu'il ne faudrait pas aller trop loin dans cette voie. N'oublions pas la pénurie de main-d'œuvre agricole dont souffrent nos communes rurales; il faut songer à l'irritation des paysans contre les ouvriers des villes qui viennent occuper des maisons devenues trop rares au village, et qui le quittent chaque jour grâce au chemin de fer pour aller travailler en ville. Fâcheux exemple, qui risque d'entraîner les ouvriers agricoles à déserter le travail des champs.

Il est, sans nul doute, excellent de développer les tramways dans le voisinage *immédiat* des villes; mais il faut être, je crois, beaucoup plus circonspect en ce qui concerne le chemin de fer, dont le rayon est bien autrement large, si l'on ne veut pas exaspérer l'hostilité entre urbains et ruraux.

M. Duval-Arnould. — Hostilité toute passagère, croyez-moi : s'il n'est pas travailleur agricole, l'ouvrier de ville au village est consommateur, et consommateur moins regardant... Bien vite, le client fera passer le citadin !

M. Droulers. — A côté des moyens divers de transport dont il a été question, ne serait-il pas opportun de raniiner et de multiplier aussi les transports fluviaux ? A Paris notamment ils constituaient un moyen de locomotion à la fois plus économique et plus hygiénique que tout autre.

M. Duval-Arnould. — Les Bateaux Parisiens sont morts par infériorité de vitesse en présence des transports modernes. Mais s'ils apparaissent peu pratiques pour la vie d'affaires de la semaine, je crois qu'il serait sage en songeant à les rétablir — et l'on y songe — d'orienter l'effort en vue surtout du transport de promenade, le samedi et le dimanche. A ce point de vue, le bateau est en effet particulièrement agréable et commode. Il desservirait à merveille les Jardins ouvriers qui avoisinent la Seine, en faisant du trajet même une véritable partie de plaisir pour la famille.

Le Conseil Municipal étudie d'ailleurs en ce moment la question.

Le vœu du rétablissement des Bateaux Parisiens est mis aux voix et adopté.

M. R. Georges-Picot. — Il résulte d'indications que m'a passées M. Noblemaire avant de nous quitter, que la Compagnie P. L. M. a décidé d'autoriser les ouvriers munis d'un abonnement à user indistinctement de tous les trains du samedi après-midi : tolérance précieuse, qui permettra à nos jardiniers bénéficiant de la semaine anglaise de consacrer ces heures de loisir à leur coin de terre. Nous voulons espérer que les autres Compagnies suivront l'exemple du P. L. M.

Puissent-elles le suivre aussi en ce qui concerne le tarif de l'abonnement, qui est partout ailleurs sensiblement plus élevé !

Mais, si pratique et si réduit de prix qu'il soit, l'abonnement ouvrier hebdomadaire ne suffit pas aux besoins de notre jardinier. Car s'il cultive avec amour son petit clos, c'est avant tout pour sa famille : il faut que cette famille puisse en jouir. Nous devrons donc insister pour qu'il soit créé, à côté de l'abonnement ouvrier individuel qui permet à l'homme l'accès quotidien du jardin, un autre abonnement, un abonnement familial annuel, qui en assure l'accès une fois par semaine à la femme et aux enfants.

M. L'ABBÉ LERNOUT. — Le voyage hebdomadaire n'est pas toujours réalisable : un carnet de tickets représentant un certain nombre de voyages à prix réduit ne serait-il pas plus pratique que l'abonnement ? — Mais tout cela reste bien peu de chose : pour la famille, le vrai jardin c'est celui qui entoure la maison.

MME CHANGEUX. — Je crois qu'on aurait tort de médire du jardin séparé de la maison. A mes yeux, il a bien aussi ses avantages. Et d'abord cet avantage incomparable de procurer à toute la famille un délassement total : aller au jardin, c'est vraiment aller à la campagne, c'est laisser derrière soi les soucis, les fatigues, les travaux de la maison, c'est être au repos, en vacances. Attenant à la demeure, le jardin ne donne pas cela. D'ailleurs, il devient, sous cette forme, de plus en plus rare.

M. DE LASALLE. — Il faut en effet que les œuvres de Jardins ouvriers se résignent à aller fort loin chercher des terrains. La Société de Saint-Vincent de Paul s'est décidée dernièrement à acheter pour y créer des Jardins un hectare de terre à Charentonneau : elle l'a payé 80.000 francs. Il faudra s'éloigner de plus en plus pour trouver des conditions abordables.

D'où la nécessité absolue, pour que l'OEuvre vive, de créer autour des grandes villes, et de Paris surtout, des moyens de transport nombreux et faciles.

Le vœu de M. R. Georges-Picot tendant à obtenir des Compagnies de Chemins de fer et de Tramways l'établissement d'abonnements de famille est mis aux voix et adopté.

M. LEMIRE propose d'adjoindre aux vœux émis au cours de la séance celui que l'OEuvre d'Asnières signale à l'attention du Congrès : — vœu tendant à ce que les *employés* soient assimilés aux *ouvriers* pour l'obtention des cartes d'abonnement hebdomadaire au chemin de fer.

Ce dernier vœu adopté, M. l'abbé Lemire remercie M. Duval-Arnould de sa présidence éclairée et cordiale, confiant pour l'avenir en sa précieuse collaboration.

La séance est levée.

Réunion des directeurs d'Œuvres.

La samedi, à 3 heures, une réunion tout intime groupait au Musée Social les directeurs d'Œuvres de Jardins ouvriers.

L'échange des expériences faites n'est pas la part la moins intéressante et la moins utile d'un Congrès.

Nombre de questions pratiques furent ainsi traitées touchant l'organisation de l'Œuvre (direction, recrutement des familles, exclusions et sanctions), les moyens de l'encourager (fêtes, concours et récompenses), les développements possibles à lui donner.

I

Comme type *d'organisation* modèle, les congressistes retiendront en particulier celle de l'Œuvre du R. P. Volpette, qui compte à Saint-Etienne plus de mille jardins.

L'Association, composée des Membres bienfaiteurs, achète ou loue les terrains par l'intermédiaire de son Bureau, mais, pour faire participer d'une manière efficace les ouvriers à la direction, c'est aux Conseils élus par eux qu'elle confie l'administration des jardins : Conseils particuliers constitués pour chaque groupe à raison d'un représentant pour cinq familles, Conseil général formé de la réunion des Conseils particuliers.

Lotissement des terrains, établissement du prix de location en harmonie avec les ressources de l'œuvre, attribution ou retrait des jardins conformément au règlement qui a été accepté et signé par chacun des chefs de famille lors de son admission, entreprise des travaux d'intérêt commun, organisation des fêtes, enfin détermination de tout ce qui peut contribuer au bien matériel et moral de l'œuvre : telle est la tâche que se partagent ces Conseils. Cette organisation, qui fait appel au sentiment de la responsabilité chez les ouvriers, est admirablement combinée en une sage hiérarchie, de façon à assurer à chacun, avec un maximum d'initiative, les garanties d'ordre et d'impartialité nécessaires au bon fonctionnement de l'œuvre.

Conçue sous des formes parfois un peu différentes, la par-

ticipation de l'ouvrier à l'administration des jardins donne en
général les meilleurs résultats.

Mme Changeux a pu les apprécier particulièrement à Reims
pendant les années de guerre : grâce à l'habitude prise des
responsabilités, les délégués ouvriers se sont montrés capables en l'absence de la présidente non-seulement de maintenir le bon ordre, mais de prendre dans les circonstances
les plus difficiles toutes les initiatives nécessaires.

C'est aux ouvriers qu'est également confiée à Reims la mission délicate d'assurer la *police des jardins* : lorsque la majorité d'entre eux juge la présence d'un des bénéficiaires nui-
sible au bon fonctionnement ou au bon renom de l'œuvre,
elle présente au Conseil une pétition motivée, sollicitant
son renvoi. Après enquête, l'exclusion est prononcée et noti-
fiée à l'intéressé : « à la demande de la majorité des chefs de
famille. »

Pour éviter les difficultés possibles en cas d'exclusion
nécesssaire, il est tout au moins une garantie qui se trouve à
portée de toutes les œuvres, quelle que soit leur organisation : c'est celle qui consiste à donner connaissance à l'ouvrier concessionnaire, avant tout engagement, des conditions
auxquelles le jardin lui est attribué et des conditions auxquelles il pourra lui être retiré, et de lui faire signer l'engagement d'accepter les unes et les autres et de se conformer
au règlement. C'est ce que M. Philippe pratique à Versailles.
Sa longue expérience lui a prouvé que cette précaution était
nécessaire et suffisante.

II

Les *moyens d'encourager le bon fonctionnement de l'œuvre*
sont nombreux et variés.

En ce qui concerne le progrès à obtenir dans la culture,
les directeurs d'œuvres sont d'accord pour mettre au premier rang l'usage des *Conférences*, simples et pratiques,
faites autant que possible sur le terrain, et la distribution
de récompenses.

M. Dewavrin, à Tourcoing, est satisfait des résultats d'un
Concours annuel, jugé par des horticulteurs locaux.

A Melun M. Masbrenier, à Versailles M. Philippe, se félicitent de l'intervention de la Société d'Horticulture départe-

mentale qui visite annuellement les Jardins ouvriers, décerne des diplômes, attribue des récompenses.

M. Philippe fait valoir l'avantage que présente le diplôme, preuve d'honneur qui demeure, sur le prix en argent qui ne produit qu'un plaisir passager.

La grande œuvre de M. Dupont au Havre, après examen de la question, a écarté le principe du concours, craignant qu'il ne fasse plus de mécontents que de satisfaits.

Mme Changeux croit préférable d'éviter les récompenses individuelles qui suscitent des jalousies, et de les remplacer par des récompenses collectives qui s'adressent à une société ou à un groupement : elles inspirent une égale fierté, sans risquer les mêmes inconvénients.

L'Assemblée émet le vœu que des conférences et visites périodiques, faites par des professionnels compétents, soient organisées dans les jardins, et que partout l'attention et la bienveillance des sociétés d'Horticulture soient appelées sur les Œuvres de Jardins ouvriers.

Les *fêtes* données aux Jardins sont encore un précieux moyen d'encouragement, non plus au point de vue technique mais au point de vue moral : s'adressant à la famille entière, elles rappellent l'inspiration de l'œuvre et en dégagent la portée sociale.

Ces fêtes prennent, suivant les circonstances et les lieux, les formes les plus variées. A Sedan, la fête d'inauguration du Clos Washington et du Clos Lafayette, dont la création est dûe pour une grande part à la générosité de la Croix-Rouge Américaine, se distingue par la plantation d'un arbre commémoratif. A Paris, les fêtes d'été aux jardins d'Arcueil, de Bicêtre, d'Ivry, sont embellies par des représentations, des chants, des danses qui mettent en scène enfants et jeunes filles des jardiniers. A Tourcoing, une solennité qui comprend tombola, cinéma, récompenses, réunit les familles vers la fin de l'hiver, en vue de stimuler les bonnes volontés pour la reprise des travaux. A Saint-Ouen, fête des Semences et fête des Récoltes mêlent une pensée religieuse de reconnaissance et de joie à la jouissance des fruits de la terre.

La *publication d'un Bulletin* est reconnue enfin comme l'une des formes d'action les plus efficaces pour donner à l'œuvre son plein développement.

Un Bulletin local est infiniment précieux pour apporter

aux jardiniers, au cours des différentes saisons, des conseils techniques exactement appropriés. S'adressant à un groupement défini dont il connait la mentalité et les besoins, ce Bulletin peut se faire en même temps l'organe utile de renseignements ou de conseils d'ordre plus général, qui s'adressent à la famille entière : économie ménagère, hygiène, éducation morale, questions sociales élémentaires, annonces locales... Lien direct entre l'œuvre et chacune des familles, son action peut être des plus bienfaisantes. C'est ce que réalise admirablement, sous la direction de M. l'abbé Lehembre, la publication mensuelle du Coin de Terre et du Foyer Tourquennois.

Le Bulletin de la Ligue du Coin de Terre et du Foyer, organe de l'œuvre centrale, s'adresse plus aux directeurs d'œuvres qu'aux jardiniers eux-mêmes; il a pour but de les renseigner et d'encourager leurs efforts. Organe d'entr'aide et de propagande, il sert de lien entre les différentes œuvres et met l'expérience et l'exemple de chacun au service de tous.

Un vœu très intéressant du Coin de Terre Clermontois appelle la création d'une Revue mensuelle qui réunirait en un seul organe ce double caractère : émanant du centre et s'adressant à tous les Jardins ouvriers de France, elle se proposerait cependant d'atteindre les jardiniers eux-mêmes et de leur apporter, avec les renseignements techniques nécessaires pour la bonne tenue du jardin, quelques bons conseils d'ordre moral et social, souvent mieux accueillis sous une forme impersonnelle que lorsqu'ils sont donnés directement de vive voix.

Considérant d'une part le prix de revient actuel de la moindre publication, et d'autre part la difficulté de réaliser un organe capable de s'adresser utilement à un public si vaste et si varié, l'Assemblée juge préférable de s'en tenir pour l'instant aux deux formes précitées, tout en retenant pour l'avenir une suggestion qui est intéressante, et qui pourrait être féconde.

III

Enfin, des *possibilités de développement* plus large, s'offrent parfois aux œuvres de Jardins ouvriers. La culture d'un jardin peut être, elle a été souvent, le point de départ de l'acquisition du coin de terre et de la constitution d'un foyer familial. Au Havre, à Saint-Etienne, à Blois, à Etampes, à Amiens, ailleurs encore, nos œuvres ont pu réaliser ce plein épanouissement.

M. Asselin signale les étonnants résultats obtenus tout récemment à Amiens par l'adjonction à l'Œuvre des Jardins ouvriers d'une Caisse de Crédit Immobilier : 300 familles ont pu faire l'acquisition du coin de terre et de la maison. M. Asselin insiste sur l'opportunité qu'il y a présentement à recourir aux Sociétés de Crédit Immobilier plutôt qu'aux Sociétés d'Habitations à bon marché, que les prix actuels des matières premières et de la main-d'œuvre mettent dans l'impossibilité de construire.

M. Aiguier signale la possibilité de recourir également aux Caisses de Crédit agricole, dont les prêts revêtent les formes les plus variées.

L'idée des Jardins ouvriers est maintenant partout comprise : il ne s'agit plus que de donner à sa réalisation pratique toute l'étendue et toute la portée qu'elle comporte. Forts des sympathies acquises, sachons faire appel aux concours publics et privés : ils ne lui manqueront pas.

L'intérêt des vues échangées au cours de cette réunion démontra l'avantage qu'il y aurait pour les directeurs d'œuvres à l'organisation périodique dans chaque région de semblables rencontres, où les observations mises en commun auraient un caractère non moins intéressant et plus pratique encore.

TROISIÈME SÉANCE

Samedi 6 novembre, à 4 heures et demie.

Les Jardins ouvriers et la loi de 8 heures.

PRÉSIDENCE DE M. ISAAC, MINISTRE DU COMMERCE.

La séance est ouverte par quelques paroles de M. l'abbé Lemire, qui salue la présence de M. le Ministre et se plaît à évoquer le souvenir des fêtes de Jardins ouvriers où ils se rencontraient jadis à Lyon.

« Mais, ajoute M. Lemire, ce n'est pas seulement à ce titre d'ancien ami de nos œuvres que nous avons désiré vous voir parmi nous. C'est aussi, c'est surtout parce que vous avez attaché votre nom et votre influence aux revendications familiales. Vous qui avez d'abord donné l'exemple, et qui, entouré d'une belle couronne d'enfants, ayant acquis le droit de prêcher ce que vous aviez pratiqué vous-même, vous êtes fait l'apôtre de la famille, vous comprenez mieux que personne, Monsieur le Ministre, que notre OEuvre ait aussi pour but avant tout la famille.

En procurant à la famille ouvrière un jardin, nous voulons lui donner un lieu de réunion où elle puisse s'épanouir. Nous voulons lui assurer, au milieu des étroitesses et des pauvretés journalières, au moins ce clos de bonheur qu'hier soir l'évêque d'Arras saluait ici même avec tant de poésie, comme le seul endroit où, sous un coin du ciel bleu, au milieu des fleurs, père, mère, enfants soient unis pour un peu de joie.

C'est pourquoi nul n'est mieux à sa place parmi nous que M. Isaac, ministre du Commerce, président de l'Association de la Plus Grande Famille. »

Allocution de M. Isaac,
Ministre du Commerce.

Tout d'abord, je tiens à remercier M. l'abbé LEMIRE de ses paroles de bienvenue.

Nous sommes en effet, l'abbé LEMIRE et moi, de vieilles connaissances. Cette visite à Lyon, à l'occasion d'une Fête de Jardins ouvriers dont il évoquait tout-à-l'heure le souvenir, je ne l'ai pas oubliée non plus. Et je me rappelle l'avoir vu non-seulemement là, mais au Syndicat des Travailleuses de l'Aiguille, où nous avons présidé ensemble une distribution de prix dans une grande salle habituellement consacrée à des meetings populaires et le plus souvent révolutionnaires, et où nous avons entendu de sa bouche des paroles d'encouragement et de réconfort adressées à ces jeunes ouvrières du travail à domicile, unies en association pour leurs intérêts professionnels. Puis aux Jardins mêmes, où nous l'avons vu entouré comme aujourd'hui de la sympathie et de l'admiration des ouvriers, visitant leurs petits clos dans le faubourg de la grande ville, leur adressant des paroles de bonté, leur traçant un idéal d'avenir.

En me demandant aujourd'hui de présider une séance de votre Congrès, vous vous êtes souvenu de ces choses, M. l'Abbé. Mais vous vous êtes souvenu surtout que le Ministre d'aujourd'hui était le Président de l'Association de la Plus Grande Famille : vous avez voulu rappeler le lien qui existe entre l'idée qui inspire cette œuvre et celle des Jardins ouvriers.

***

En effet, pour encourager dans notre pays le développement de la « plus grande famille », il est indispensable de se préoccuper des conditions matérielles dans lesquelles elle doit évoluer et de s'efforcer de les faire telles que le devoir ne lui soit pas trop difficile, en l'entourant autant que possible des satisfactions légitimes dûes à ceux qui élèvent beaucoup d'enfants.

Saint Thomas a dit que la vertu exigeait pour s'épanouir un certain minimum de bien-être. Le moyen élémentaire de réaliser ce minimum de bien-être pour la famille, c'est d'abord de l'installer chez elle, ou à défaut, ce qui est plus facile à réaliser, de lui donner un petit morceau de terre où elle puisse faire pousser quelques légumes et quelques fleurs; un petit morceau de terre où elle puisse oublier le « garni » où l'on est entassé et pressé les uns contre les autres, et réaliser ce premier rêve de la famille : un peu d'air, un peu de ciel et de soleil, en attendant de pouvoir un jour transformer ce coin de terre, qui a d'abord été un simple potager, en un jardin qui encadre une maison.

C'est ainsi que naît la tonnelle : quatre planches, un banc, une table. On se réunit là avec les mioches, on mange des légumes de son jardin, tout fier de les avoir fait pousser. Et c'est ainsi que commence à se réaliser pour les humbles ce rêve d'avoir un chez soi, « un home », et cette satisfaction morale d'en jouir en famille.

Telle est l'œuvre des Jardins ouvriers.

Des hommes dévoués appartenant à toutes les classes de la société ont uni leurs efforts.

Aux industriels, aux propriétaires, on a demandé des terrains ; aux Compagnies, des moyens d'irrigation ou de transport; aux ouvriers, leur bonne volonté et leur travail.

Partout on a réussi.

Parfois dans les milieux les plus révolutionnaires on a vu se développer ainsi l'idée de la propriété. Dans un quartier qui m'est particulièrement connu, j'ai vu moi-même des ouvriers, jadis farouches communistes, armés de fusils, avec l'autorisation de la Municipalité, pour défendre dans leur jardin, *leur* propriété. C'est-à-dire leurs plants de choux et leurs fraisiers...

⁕

Présent ici comme Président de « La plus grande Famille », je n'oublie pas que j'y suis présent aussi comme Ministre, soucieux des grandes questions sociales qui s'imposent à l'attention du Gouvernement.

N'est-ce pas un indice tout particulier de l'importance qu'attache en effet le Gouvernement à ces questions sociales, que la création de ce Ministère de l'Hygiène et de la Prévoyance sociale dont le premier soin a été de constituer un Conseil supérieur de la Natalité, de songer aux intérêts des Familles nombreuses, et de s'occuper avec ardeur de la question des logements ouvriers ?

Question difficile autant que vaste : difficultés financières, difficultés de la main-d'œuvre, difficultés du transport des matériaux, toutes presque impossibles à surmonter dans le moment présent !

Et cependant, il est nécessaire de faire quelque chose : à Paris actuellement 20.000 familles sont sans abri. Et le problème est le même dans toute la France, dans toute l'Europe, aux Etats-Unis, au Japon même, où il suffit pourtant de quatre planches et d'un rouleau de papier pour faire une maison !

La solution qui consiste à attacher les gens à un coin de terre et à les entraîner par là au désir, et puis à l'effort, de se créer eux-mêmes un logement, est donc infiniment actuelle, intéressante pratiquement autant que saine moralement.

Les loisirs créés pour tous par la journée de huit heures (qui est un mal assurément au point de vue de la production nationale, mais qui peut avoir par ailleurs aussi de fort heureux résultats) doivent faire espérer que la famille ouvrière songera désormais davantage à l'amélioration de son logement. Il faut espérer que l'ouvrier, sa journée finie, rentrera chez lui, et que, reconnaissant qu'il y est mal, il se préoccupera de se procurer un coin de terre et d'y édifier une maison pour les siens.

S'occuper de son chez-soi, cultiver son jardin, développer son éducation professionnelle : voilà ce qu'il faut espérer qui sera le résultat de ces heures de loisir qu'entraîne pour l'ouvrier la loi de huit heures.

Le Gouvernement ne peut donc qu'être très reconnaissant à ceux qui s'efforcent de réaliser ce grand progrès social et moral de mettre l'homme chez soi, dans un cadre ou il puisse réaliser dans la joie et la paix l'union familiale.

Je vous apporte donc ici, avec l'expression de ma sympathie personnelle, la sympathie et les encouragements du Gouvernement tout entier.

La parole est donnée à M. Dupont, directeur des Docks du Havre, pour la lecture de son Rapport sur les Jardins ouvriers et la loi de huit heures.

Rapport de M. Dupont.

On a pu prétendre, avec quelque raison, que la loi de huit heures a eu des conséquences regrettables au point de vue économique, quant à la diminution de la production nationale industrielle ; mais nous n'en constatons pas moins un fait indéniable, c'est qu'en augmentant les loisirs dont disposent les ouvriers, elle a favorisé le développement des œuvres de Jardins ouvriers; et comme nous sommes tous convaincus que l'élévation du niveau moral de l'ouvrier est fonction de son penchant pour la culture et de son désir d'accéder à la petite propriété, nous en arriverons à cette conclusion, qu'à la condition de mettre à la portée de celui-ci le moyen pratique de faire un bon emploi des loisirs que lui laisse la journée de travail réduite, la loi de huit heures peut avoir une portée sociale d'une importance capitale, quant à l'amélioration du sort du travailleur.

Mais pour apprécier son influence sur l'Œuvre des Jardins ouvriers, encore est-il qu'il faut en avoir l'expérience.

Or, le centre ouvrier havrais est particulièrement bien placé pour apprécier l'influence de la journée de huit heures sur le développement des Jardins ouvriers, car au Havre, la journée de huit heures étant appliquée depuis plus de vingt ans aux dockers qui déchargent les navires, on peut dire qu'une expérience suffisante est déjà acquise quant aux conséquences qu'elle peut avoir sur l'extension des jardins.

L'effort qu'il nous faut faire pour que l'homme qui ne travaille que huit heures occupe ses loisirs avec intelligence et dans des conditions parfaitement saines, a une haute portée morale.

On a, certes, raison de déplorer les progrès de l'alcoolisme et ses conséquences funestes dans le monde ouvrier; mais n'oublie-t-on pas trop souvent que l'habitude de fréquenter le cabaret a pour cause principale la souffrance de l'homme qui habite un appartement trop petit, sans jardin, souvent privé d'air, où les joies de la famille sont payées chèrement au prix d'une absence complète de confort?

Si l'idéal au point de vue philanthropique est d'arriver à donner à chaque ouvrier marié une maison, si modeste qu'elle soit, et en même temps un jardin, l'augmentation du temps dont l'ouvrier peut disposer par suite de la réduction de la journée de travail contribue efficacement à faire que cet idéal puisse devenir une réalité.

C'est que, bien qu'on fasse des congrès séparés pour les Jardins ouvriers et pour les Habitations à bon marché, étant donnés les problèmes très distincts que ces deux œuvres soulèvent, on ne saurait trop insister sur la liaison inévitable qui doit exister entre elles.

Qu'il s'agisse du logement ouvrier, de l'accès à la petite propriété, du développement du goût du jardinage, de la lutte contre l'alcoolisme, simultanément se posent des questions nombreuses, qui présentent le plus vif intérêt, et que nous allons essayer de sérier :

1° Comment donner à l'ouvrier l'ambition et la possibilité de devenir propriétaire d'une maison?

2° Comment amener l'ouvrier à acheter le terrain nécessaire à sa future habitation?

3° Par quel moyen financier peut-on mettre à sa portée les fonds nécessaires?

4° Quel progrès réalise le jardin ouvrier dans cet accès à la petite propriété?

5° Comment répandre le goût du jardinage dans la classe ouvrière?

6° Quel rôle joue le jardin ouvrier dans cette mise en valeur morale de l'homme ?

Tels sont les problèmes sociaux qui se posent et dont l'importance ne peut vous échapper. Nous nous sommes efforcés de les résoudre le plus possible au Havre, et nous croyons y avoir réussi, dans une certaine mesure.

Aussi, je crois répondre aux désirs de ceux qui ont eu l'amabilité de m'inviter à ce Congrès en vous entretenant plus spécialement des efforts qui ont été tentés dans ce but au Havre par les grandes Sociétés philanthropiques.

***

Considérée dans son ensemble, l'œuvre sociale qu'il s'agit de mener à bien exige un seul et même effort : elle commence avec le jardin, elle continue avec l'habitation à bon marché, elle se termine par l'accès à la petite propriété.

Ainsi les trois types de Sociétés : Jardins ouvriers, Logements économiques, Crédit immobilier visent au même but et concourent à la même œuvre.

Les meilleures solutions à trouver sont celles qui sont communes aux divers problèmes posés ci-dessus.

Nous prétendons arriver à ce que le produit du jardin mis à la disposition de l'ouvrier soit suffisant pour payer l'annuité au moyen de laquelle il deviendra propriétaire.

Lorsque nous avons commencé, en 1906, à Frileuse, à faire de la propagande pour les Jardins ouvriers parmi notre nombreuse population ouvrière, nous pensions surtout à répandre le goût du jardinage comme étant le moyen le plus puissant de lutte contre le cabaret et l'alcoolisme. Pour encourager les ouvriers dans cette voie, nous n'avions pas hésité à leur céder les terrains gratuitement pendant cinq ans, avec une promesse de vente : 250 jardins ouvriers, soit 100.000 mètres carrés, ont été mis ainsi à la disposition de nombreuses familles ouvrières désireuses de se livrer au jardinage.

En même temps 300 jardins ouvriers étaient réalisés par la Société Havraise des Jardins Ouvriers.

Les résultats ont été tels que nous les espérions : tous les terrains sans exception sont devenus la propriété des locataires, et ceux-ci ont commencé soit à bâtir eux-mêmes leur maison, soit à emprunter de l'argent à notre Société Havraise de Crédit Immobilier pour la faire bâtir.

par un entrepreneur. En sorte que notre Œuvre des Jardins a donné au Crédit Immobilier un nouvel essor : créée seulement trois ans avant la guerre, notre Société avait avancé aux emprunteurs 750.000 francs par petits prêts de 4, 5 et 6.000 francs au moment ou commencèrent les hostilités, qui naturellement suspendirent tous les prêts.

Et ce n'est pas seulement sur la Société de Crédit Immobilier que le développement du jardin ouvrier a exercé une influence heureuse ; cette influence s'est exercée de même sur les Sociétés d'Habitations à bon marché. Alors nous avons formé le projet de réaliser ce qui nous paraissait pratique et durable dans les idées que je vais vous développer.

Avec le concours de tous les industriels, de tous les armateurs et manutentionnaires du port du Havre, nous avons développé le capital de notre Société Havraise de Logements Économiques. Nous lui avons fait acheter des terrains à bon marché, relativement mal placés parce qu'ils avaient très peu d'accès vers les centres ouvriers, quoique peu éloignés : ceci, qui apparaissait comme une condition défavorable, nous a procuré l'avantage apprécié d'acheter du terrain à bon marché, alors qu'autour du Havre tous les autres terrains sont à des prix inabordables.

Dans la plaine de l'Eure, immédiatement contiguë à la ville du Havre, on ne trouve pas un terrain à moins de 50 francs le mètre carré, et même industriellement il est souvent payé 70 à 75 francs, tandis que sur le plateau de Frileuse nous avons réussi à nous procurer des terrains à 1 fr. 50 le mètre carré, soit 15.000 francs l'hectare.

C'est sur ce terrain que nous avons mis sur pied le projet très complet d'une cité-jardin considérable, et non seulement la construction de 1.520 maisons, mais aussi une voirie très importante, complétée par l'étude de funiculaire et tramways reliant le plateau à la plaine industrielle.

Mais, pour revenir aux jardins ouvriers, vous allez comprendre de suite que, ne pouvant mettre en construction 1.500 maisons à la fois, nous avons décidé de partager les 55 hectares achetés en plusieurs lots.

Huit hectares ont été immédiatement employés pour la construction de 200 maisons, qui ont été commencées le 1er septembre dernier; 80 sont déjà sorties de terre.

Trente hectares viennent d'être divisés en petits lots de 325 mètres carrés pour être loués à des ouvriers désireux d'y faire du jardinage; une vingtaine d'hectares restent encore occupés par des fermiers dont nous ne serons libérés que dans le courant de l'année prochaine, ce qui nous permettra d'augmenter d'autant la quantité des jardins que nous allons mettre à la disposition des nombreux bénéficiaires de la journée de huit heures qui nous en ont fait la demande. Nous aurons donc au total en 1921 environ 1.200 jardins.

Ainsi l'œuvre de l'amélioration du logement ouvrier contribue, elle aussi, à développer le goût du jardin en prêtant à la culture ses terrains de réserve. Par réaction, les ouvriers qui viendront cultiver ces jardins, prendront goût à la terre et à la campagne; dans leurs cerveaux naîtra le rêve d'avoir eux aussi une petite maison à eux : nous ne doutons pas qu'ils ne soient parmi les premiers qui viendront s'inscrire pour acheter les maisons que nous entreprenons de construire.

Je m'excuse de m'étendre un peu longuement peut-être sur ce qui a été fait au Havre, mais l'expérience que nous avons acquise a développé chez nous des idées générales que nous croyons fécondes et utiles à répandre.

Nous estimons que le choix de l'emplacement affecté à la construction d'une cité-jardin a une très grande importance au point de vue de l'effet tant moral que physique à en attendre.

A Frileuse, nous sommes sur un plateau à l'altitude de 100 mètres, à l'abri de toute humidité, les jardins sont gais parce que la vue est belle, l'horizon étant très étendu.

J'ai demandé par curiosité au curé de la paroisse Sainte-Cécile, où se trouvent les jardins de Frileuse, les statistiques des naissances et des décès.

Eh bien, depuis le 1er janvier dernier, celles-ci accusent 85 naissances pour 25 décès.

Est-il beaucoup de départements qui puissent afficher un tel résultat? — Demandez à M. BERTILLON!

Ainsi, le jardin établi dans de pareilles conditions hygiéniques ne relève pas seulement le niveau moral de l'homme, heureux de se sentir capable de produire, par lui-même et pour les siens, en même temps que des aliments, de la joie, de la santé, de la gaieté; mais il contribue à résoudre le problème fondamental de la race, en maintenant sa progéniture saine et robuste.

Car l'homme est foncièrement bon : plus il est simple, plus on le constate, et notre conviction est qu'il ne demande qu'à bien se conduire pendant les loisirs que lui procure la Loi de huit heures, si on lui en fournit le moyen.

D'ailleurs beaucoup d'ouvriers ont eu des ascendants qui vivaient du sol qu'ils cultivaient, et le goût de la terre est inné en eux.

Dès qu'ils pourront en cultiver un lopin, n'eussent-ils que cent mètres carrés, ils se sentiront attirés comme par atavisme vers cette mère nourricière admirable, qui n'est jamais ingrate envers ceux qui lui restent fidèles.

***

Cependant, malgré toute la publicité donnée aux travaux des Congrès des Jardins ouvriers et des Habitations à bon marché, il y a encore beaucoup de gens qui doutent qu'il soit possible de réaliser l'espérance si justifiée de tous les travailleurs, qui caressent le rêve d'avoir une maison et un jardin à eux.

Est-ce donc là une chimère?

Le vœu est-il irréalisable?

Eh bien, non! il faut le dire très haut, même avec l'élévation du prix de la construction, il est encore possible aujourd'hui à tous les ouvriers rangés de se constituer une petite propriété, d'abord un jardin où ils prendront leurs ébats les jours de repos, ensuite une maison pour abriter définitivement la famille qui s'y développe.

Nous savons tous qu'il y a de grosses difficultés d'ordre financier, et nous savons aussi qu'à celles-ci répond toute une législation spéciale qui a déjà fait des progrès énormes, et qui fait grand honneur à notre démocratie, en mettant l'argent nécessaire à la portée de tous, au taux de 2 p. 100.

Cette législation, nous la devons à la persévérance et à l'activité inlassables des ardents défenseurs des habitations à bon marché et de la petite propriété devant le Parlement.

Il est à peine utile, dans cette maison, de rappeler les services rendus à ce point de vue par les parlementaires dévoués à notre cause : j'ai nommé M. Ribot, M. Siegfried, M. Bonnevay, M. Strauss, et notre dévoué président, M. l'abbé Lemire.

Grâce à tous les efforts accomplis dans cette voie depuis une vingtaine d'années, et dont l'énumération seule exigerait une conférence spéciale, l'Etat met aujourd'hui à notre disposition, au taux maximum de 2 1/2 p. 100, des sommes d'argent importantes avec lesquelles un effort considérable est possible.

Donc, nous ne devons pas hésiter, car appliquer de suite cette loi destinée à réaliser l'accès à la petite propriété, c'est travailler au développement du pays et au maintien de la paix sociale.

Concourir à procurer des logements salubres aux travailleurs, c'est aider à l'accroîssement de la natalité, c'est procurer des bras à l'industrie et à l'agriculture.

Réaliser ce programme dans des conditions hygiéniques, c'est en même temps supprimer la perte de temps et le chômage dû à la maladie.

Enfin, c'est aussi procurer des locataires bons payeurs, ce qui a une grande importance, car, nous le voyons bien aujourd'hui, lorsque le loyer est mal payé les propriétaires s'abstiennent de bâtir de nouvelles maisons.

N'est-ce pas aux mesures prises contre les propriétaires qu'est dûe principalement la crise du logement ?

Toutes les statistiques l'établissent péremptoirement ; depuis la loi du moratorium, toujours prorogée, on ne construit plus en France, alors que la quantité de maisons en construction avant la guerre était déjà insuffisante.

Mais si la législation qui vise les propriétaires mérite des critiques justifiées, étant donnés ses résultats, celle des Habitations à bon marché qui s'améliore chaque année nous crée de nouveaux devoirs.

Il faut nous hâter d'en faire profiter la grande famille ouvrière qui réclame partout des logements hygiéniques. Il faut nous hâter, parce qu'une fois le programme réalisé, nous verrons la mortalité diminuer, les naissances augmenter, la gêne faire place au bien-être, et la moralité gagner tout le terrain perdu par la misère.

Mais, pour rester dans le domaine pratique, je vais aborder quelques chiffres.

On admet qu'avec un jardin de 150 à 200 mètres carrés, un chef de famille procure à son ménage tous les légumes dont il a besoin, sans compter les produits du poulailler et du clapier. A plus forte raison, si nous mettons 300 mètres carrés à la disposition de chaque futur propriétaire, il se produira ce fait, excessivement important pour son petit budget, c'est que non-seulement il économisera dans une année deux fois la valeur des légumes que son ménage aurait achetés, mais il sera en mesure de payer avec cette économie toute l'annuité qui doit le libérer de l'hypothèque qui pèse sur sa maison.

Or, cette annuité dépasse à peine de 50 p. 100 le loyer qu'il payerait dans une maison ordinaire.

Prenons comme exemple une maison en construction dans la cité-jardin de Frileuse, au Havre : la Société aura dépensé pour la construction....... 15.000 fr.
la voirie, entièrement à sa charge, répartie
  sur toutes les maisons aura coûté par
  maison.................................... 1.500 fr.
si on ajoute le prix du terrain...........   500 fr.
les frais d'actes notariés et d'hypothèque.. 1.000 fr.

l'acheteur sera débiteur en tout au maximum de.................................. 18.000 fr.

Il lui sera demandé, pendant 25 ans, une annuité de 950 francs environ, pour un terrain de 325 mètres carrés avec une maison de 4 pièces, susceptible donc de recevoir une famille nombreuse.

Ailleurs, il n'aurait pas payé un loyer inférieur à 600 francs, la différence en plus du fait de l'annuité sera donc de 350 francs, à peine le 1/3 de ce que son jardin bien cultivé peut lui rapporter.

Vous la voyez bien maintenant, cette liaison inévitable entre l'OEuvre des Jardins ouvriers et celle des Habitations à bon marché !

Je vous ai montré le jardin ouvrier qui n'est plus seulement le moyen d'occuper les loisirs de l'ouvrier. Le voilà devenu mieux qu'un passe-temps. Après avoir donné pour commencer, à l'ouvrier le goût du travail de la terre, il lui procure maintenant le moyen de devenir à son tour petit propriétaire. Ainsi la cité-jardin nait au mariage de deux idées fécondes : la culture du sol mise en honneur, l'accès à la petite propriété mis à la portée des plus modestes.

*
* *

Je voudrais, à l'appui de ce qui vient d'être exposé, vous décrire aussi exactement que possible, quoiqu'un peu sommairement, comment cette idée de cité-jardin, déjà si heureusement appliquée ailleurs en France, a pris corps au Havre, et entre en ce moment en pleine réalisation.

La première difficulté était de se procurer des terrains à des prix raisonnables. Je vous ai déjà indiqué que nous avions pu réaliser des terrains à 15.000 francs l'hectare. Cinquante-sept hectares ont été ainsi achetés d'un seul tenant.

Il est intéressant de remarquer que nous n'avons obtenu ce prix relativement très bas que parce que ces terrains sont privés d'accès facile et qu'on y manque de moyens de locomotion. Nous avons préféré, en effet, payer le terrain moins cher et comprendre dans les travaux projetés la réalisation des voies de communications qui font actuellement défaut, leur exécution devant être largement payée par la plus-value importante donnée par là même au terrain.

Vous connaissez sans doute tout ce qui a été dit déjà

sur les cités-jardins, si intéressantes à étudier, soit en Angleterre, soit en Allemagne, soit surtout en France dans les dix-huit cités-jardins qui existaient au moment où la guerre a éclaté.

Le projet du plateau de Frileuse au Havre sera de beaucoup la plus importante de toutes les entreprises françaises de ce genre, puisqu'il s'étendra sur 57 hectares.

La Société Havraise s'est appliquée à éviter l'aspect des cités américaines avec leurs routes perpendiculaires les unes aux autres. Les voies courbes que l'on remarque sur le plan réalisent des communications rapides entre les divers secteurs de la cité projetée.

Une grande avenue centrale de vingt mètres de large, bordée d'arbres, sera l'artère principale à laquelle viendront se relier une quantité de petites routes d'importance secondaire.

Cette avenue sera interrompue dans son parcours par deux grands carrefours; le premier (utilisé comme square et comprenant les services communs : salle de conférences, cinéma, salle de patronage), mesure dix mille mètres carrés qui sont offerts gracieusement à l'OEuvre par le propriétaire, M. Georges Ancel.

Le second prévoit l'emplacement nécessaire pour bâtir une école maternelle et une école communale.

Enfin, à l'extrémité sud-est de la cité-jardin, dans la ferme qui se trouve actuellement derrière l'ancien cimetière de l'Abbaye, il a été prévu un grand stand pour l'organisation des jeux nécessaires aux jeunes gens habitant la cité : foot-ball, tennis, etc....

Les maisons à construire sur ces cinquante hectares seront chacune entourée d'un jardin dont la contenance variera entre 250 et 300 mètres carrés.

L'ensemble du projet comporte 1.500 maisons capables de loger autant de familles ouvrières, soit une population à prévoir de 8 à 10.000 personnes.

Quant aux maisons elles-mêmes, elle sont prévues à quatre pièces, deux au rez-de-chaussée et deux au premier étage; les maisons sont doubles, séparées par un mur extérieur mitoyen construit à double paroi en vue d'un meilleur isolement. Contre le mur est accolé un petit bâtiment en appentis qui contient un cellier pouvant servir au besoin de bûcher et les closets. Les pièces ont, au rez-de-chaussée comme au premier étage, 2 m. 80 de hauteur.

Mais la difficulté de telles créations réside surtout aujourd'hui dans le prix de revient, car il ne suffit pas de faire économiquement, il faut faire bien. Le problème est très ardu; il a pu cependant être résolu par une étude très sérieuse de la construction des maisons.

Je pourrais vous donner des détails très intéressants sur les procédés de construction des maisons qui nous ont permis de réaliser une économie très sensible sur le prix de revient, mais je craindrais vraiment de sortir du programme du Congrès des Jardins ouvriers; je vous dirai seulement que c'est le sol lui-même où nous sommes installés qui nous procure l'argile nécessaire, que nous avons installé nous-mêmes une briqueterie importante, d'où il sort 15.000 briques par jour, que toute la charpente et menuiserie est fabriquée en série et que notre opinion est faite sur ce point qu'il faut industrialiser à outrance le procédé de construction des maisons ouvrières, si l'on veut obtenir un bon résultat.

Pour me résumer, nous construisons des maisons dont les prix varient entre 14.800 et 15.600 francs.

Comment l'ouvrier peut-il profiter des avantages des lois sur les Habitations à bon marché pour se procurer nos maisons, qui valent trois fois ce qu'elles auraient coûté avant la guerre?

Eh bien, il n'est pas douteux que l'augmentation du salaire, qui est généralement de 250 à 300 p. 100, ne lui permette un effort beaucoup plus considérable ; mais un autre facteur intervient, qui n'est pas une quantité négligeable, c'est le jardin de 300 mètres carrés.

En donnant à l'ouvrier le moyen de cultiver des légumes, nous mettons à sa disposition une économie assurée de 1.000 francs à 1.200 francs par an, je parle pour nos régions seulement, car j'ai vu au cours d'un récent voyage à Lille, dans une visite de Jardins ouvriers, des terrains de 150 mètres carrés seulement ayant rapporté plus de 1.500 francs.

Mais, objectera-t-on, pour que l'ouvrier puisse faire rendre à son terrain de pareilles récoltes, il faudrait qu'il ait le temps de le cultiver ! Eh bien, ce temps, il saura le trouver, et il l'a déjà, du fait même de la journée de huit heures ; j'ajouterai même qu'après huit heures de travail sur le chantier ou à l'atelier, la culture du jardin est plutôt un repos, qui délasse celui qui s'y livre.

Bien plus, l'expérience a démontré que toutes les fois que l'ouvrier est retenu par un travail prolongé sur le chantier, la femme et les enfants aidés de leurs voisins ou de leurs vieux parents ne laissent jamais en souffrance la culture du jardin. Quand il est libre, le dimanche et les jours de fête, le père de famille fait le gros de l'ouvrage et donne la directive ; mais pour cette besogne précieuse du jardin la main-d'œuvre ne manque jamais. Ainsi la famille a toujours des légumes à bon marché.

Je pourrais vous citer M. Louis Rivière, vice-président de la Ligue du Coin de Terre et du Foyer, qui, dans une brochure très intéressante faite en 1916, a mis en relief tout ce qu'il y a d'énergie intelligente et courageuse chez celui qui possède un jardin ouvrier. Il vous dirait mieux que moi que l'expérience acquise dans les régions occupées par l'ennemi pendant la guerre a démontré le service immense qu'a rendu cette culture domestique aux populations qui souffraient cruellement de privations de toutes sortes.

Certes, l'ennemi n'est plus là, heureusement, mais la vie chère, conséquence de la guerre, nous reste, et au prix actuel des légumes, n'est-ce pas déjà un résultat magnifique que de donner à l'ouvrier locataire un jardin assez grand pour que le produit de ses cultures couvre la somme qu'on lui demande annuellement pour devenir propriétaire de sa maison?

***

Cependant, malgré les avantages si remarquables de la nouvelle législation, la question financière se pose encore très ardue.

L'Etat met aujourd'hui à notre disposition à 2 1/2 p. 100 des sommes d'argent importantes qu'il lui serait facile de placer à 6 p. 100, c'est déjà là un progrès énorme.

Toutefois, la Caisse nationale, qui gère avec tant de prudence les fonds qui lui sont confiés, ne prête que 50 p. 100 de la valeur des immeubles, et elle ne les prête que 25 ans.

Or, tant que de ce côté une amélioration n'aura pas été obtenue, il faut que les Sociétés d'Habitations à bon marché apportent elles-mêmes le complément nécessaire; c'est vous dire que pour édifier au Havre 1.500 maisons sur 57 hectares de terrain, il ne faut pas moins, sur une dépense de 21 millions, que la Société en apporte une douzaine.

Que pouvait-elle faire, si ce n'est faire appel à tous ceux qui occupent beaucoup d'ouvriers et d'employés, comme à tous les philanthropes qui ne restent jamais indifférents aux progrès sociaux?

Avec un empressement remarquable, industriels, armateurs, magasins généraux, et beaucoup de particuliers qui s'intéressent à l'avenir de notre communauté commerciale, qui a besoin de la coopération ouvrière, ont répondu à l'appel fait par l'œuvre philanthropique havraise; ils l'ont fait avec d'autant plus de mérite que nous n'avons jamais donné plus de 2 p. 100 à nos actionnaires.

Or, à une époque où l'argent rapporte facilement 6 p. 100, une telle démonstration n'est-elle pas réconfortante? On peut dire qu'elle fait honneur aux sentiments de générosité et d'initiative qui animent la population havraise.

* * *

Et maintenant que les terrains nécessaires sont réalisés, que les plans des maisons sont arrêtés, que le lotissement est exécuté et que l'on commence la voirie, d'autres problèmes se posent que je me contenterai d'énumérer, parce que le cadre restreint de cette note ne permet pas de les approfondir comme ils devraient l'être ailleurs.

C'est tout d'abord la question si importante des voies d'accès. Le réseau des voies de communication de Graville, complètement insuffisant, est à refaire dans son entier. Le fonctionnement des tramways comporte quelques modifications de direction et une mise au point nécessaires.

A Londres, les cités-jardins ont été conçues en connexité avec les transports; le nouveau locataire prenant possession d'une maison reçoit le parcours gratuit pendant un certain temps sur la ligne de tramway qui l'intéresse.

Nous n'en demandons pas tant, mais des abonnements économiques et des horaires bien étudiés sont nécessaires pour permettre au travailleur de se rendre facilement et rapidement sur son chantier.

Enfin, c'est aussi la question d'éviter le surpeuplement, et pour cela de limiter le nombre de maisons à 30 ou 32 par hectare, dans le but de mettre un obstacle à la spéculation sur le terrain et au renchérissement du logement qui en serait inévitablement la conséquence.

Il faut conserver à la Cité-jardin son caractère, et si une vente projetée est de nature à nuire à l'avenir de la Cité, la Société Immobilière doit avoir conservé la faculté de rachat avec priorité sur les autres acheteurs.

Qu'on adopte le système allemand sous la forme de droit de réméré, ou le système anglais sous la forme de baux emphytéotiques, il est indispensable que des précautions soient prises pour sauvegarder l'avenir des cités-jardins.

Ainsi, vous le voyez, une collaboration étroite entre les Sociétés de Crédit Immobilier et les Sociétés d'Habitations à bon marché est plus que jamais nécessaire.

La Société d'Habitations à bon marché doit acheter les terrains, construire les immeubles ; et l'ouvrier qui désire devenir propriétaire est assuré de trouver auprès de la Société de Crédit Immobilier des conditions encore plus avantageuses, puisque la loi a permis à l'Etat d'avancer à ces Sociétés de l'argent à 2 p. 100.

*_**

Puisse cette visite un peu rapide dans nos œuvres philanthropiques havraises vous convaincre, comme nous en sommes pénétrés, de l'utilité de procurer plus que jamais à l'ouvrier qui a plus de loisirs, le moyen de s'occuper sainement et d'encourager ainsi l'amour de la famille !

Relever le niveau moral d'une classe de citoyens en les éloignant du cabaret et de tous ses dangers, ce n'est pas seulement sauver des vies humaines, c'est favoriser l'augmentation de la natalité par le développement de la famille élevée en plein air. Car si la beauté rend toute personne et toute chose meilleure, si l'amour des êtres et des choses nait des enthousiasmes qu'ils provoquent, ne seront-ils pas meilleurs, plus heureux et plus sains, les braves gens qui seront nés et qui auront vécu dans nos futures cités-jardins?

Comme l'a si bien dit Michelet : « De toute fleur, la fleur humaine est celle qui a le plus besoin de soleil. »

Vauvenargues a dit aussi : « Le danger de la misère c'est qu'on s'y habitue ».

Eh bien! il ne faut jamais nous habituer à ce qui est mal!

Travaillons à relever les mœurs, dans le grand sens du mot. Cédons au plaisir de réaliser un progrès qui rende la vie meilleure et qui sorte l'ouvrier de la prosaïque matière pour lui faire faire quelques pas vers la réalisation de son rêve. Elevons nos esprits vers cette idée que justice et bonté doivent nous guider dans notre effort vers une amélioration sociale dont le jardin ouvrier n'aura pas été l'un des moindres facteurs utiles.

M. ISAAC remercie M. Dupont de ce rapport particulièrement intéressant, qui montre comment, de la simple culture de quelques légumes dans un jardin, on peut mener l'ouvrier jusqu'à l'acquisition d'un foyer définitif où s'épanouira sa famille. Cette culture du jardin, qui maintient un lien entre l'ouvrier des villes et le travail des champs, peut être aussi une étape vers le retour à la terre.

M. L'ABBÉ LEMIRE. — L'idée dominante qui se dégage pour nous du rapport de M. Dupont, c'est que, bien cultivé grâce à la journée de huit heures, le jardin peut être producteur de la maison, et même, pour une bonne part, payeur de la maison (fût-ce même d'une maison de 18.000 francs!). Il faut pour cela, bien entendu, le concours des Sociétés de

Crédit, mais ce concours est acquis. Le produit du jardin peut suffire à payer l'annuité du prêt.

M. R. Georges-Picot. — Il ne faudrait pas, cependant, que l'évocation de l'œuvre admirable qui se réalise au Havre, si séduisante qu'elle soit, entraînât trop loin nos rêves.. Ce ne serait pour le commun des mortels qu'un mirage. Il faut bien se rappeler qu'il y a là une organisation tout exceptionnelle, grâce à laquelle on accomplit des merveilles. M. Dupont, au Havre, a trouvé sur place de la terre à briques. Il a donc pu créer une briqueterie, et les briques fabriquées à proximité du chantier sont obtenues à un prix très avantageux. D'où la possibilité de construire dans des conditions d'économie que bien peu de sociétés pourraient réaliser.

M. l'abbé Lemire. — Je demande à revenir aux Jardins ouvriers et à la loi de huit heures. Certes, avec les lois actuelles, et en particulier avec cette loi de huit heures, nous pouvons tendre à ce que le jardin, où il n'y a généralement qu'une tonnelle, soit dans l'avenir le plus souvent possible complété par la maison : que la maison y fleurisse comme la tonnelle y a poussé, cela est infiniment souhaitable. — Mais nous ne devons pas oublier que le jardin ouvrier, le jardin réduit à lui-même, demeure en soi une chose nécessaire et le demeurera toujours. Pour le plus grand nombre des travailleurs des villes, obligés souvent par le métier même à se déplacer, pour la masse prolétarienne, la maison restera hélas ! longtemps encore un rêve.

Seule, donc, l'Œuvre des Jardins ouvriers peut répondre aux besoins de tous ; seule, elle peut satisfaire, avec un minimum de dépense et dans un minimum de temps, ce désir de toute famille dans notre démocratie : avoir son coin de terre au soleil, et sur ce coin de terre un minimum de chez soi. Ceci dit avec une vivacité que je vous prie d'excuser parce qu'elle répond à une conviction ardente, je crois que nous pouvons tirer du rapport de M. Dupont des conclusions qui se résumeraient dans les vœux suivants :

1° Vœu que dans toute la France, les grandes Sociétés Commerciales, Industrielles ou Financières achètent des terrains pour les mettre à la disposition de leurs ouvriers en vue de la création d'habitations ou de jardins.

2° Vœu qu'il soit fait appel, s'il le faut, à l'expropriation par zone pour créer dans le voisinage des grandes villes des jardins ouvriers.

3° Vœu que les ouvriers soient encouragés par le moyen du Crédit Immobilier à y construire des maisons.

M. Boucher (du Mans). — Malheureusement le Crédit Immobilier ne consent de prêts qu'à l'ouvrier qui possède déjà une avance. Nous avons songé au Mans à l'ouvrier qui n'a *rien*, et nous avons fondé une Société Coopérative qui lui fournit cette première avance nécessaire.

M. Georges Risler. — Les Sociétés de Crédit Immobilier ne demandent à l'ouvrier que de fournir le cinquième du prêt qu'il sollicite. Ce minimum est raisonnable : si l'ouvrier n'a pu l'épargner, il est à craindre qu'il ne soit guère en mesure de s'acquitter à l'avenir des charges qu'il assume.

M. l'abbé Lemire. — Avant de clore la séance, deux mots encore sur la loi de huit heures et les Jardins ouvriers. Le rapport de M. Dupont nous a exposé les magnifiques résultats obtenus au Havre grâce à la journée de huit heures pratiquée depuis vingt ans : il serait intéressant maintenant de connaître les expériences faites dans nos œuvres depuis l'application de la loi récente.

R. P. Volpette. — La loi de huit heures est appliquée à Saint-Étienne depuis trois ou quatre mois seulement. Depuis lors, nous avons pour nos jardins dix fois plus de demandes qu'auparavant.

M. Dewavrin. — Il en est de même à Roubaix et à Tourcoing. Les demandes affluent. D'autre part, l'application de la loi nouvelle a entraîné dans plusieurs industries le partage de la journée de travail en deux équipes, et cette combinaison facilite encore la culture du jardin.

Mme Moll-Weiss. — Pour la faciliter partout, ne pourrait-on pas adopter dans notre pays la coutume anglaise, qui groupe les heures de travail de l'ouvrier, en supprimant la coupure de deux heures qui est chez nous réservée au repas... et trop souvent au cabaret !

M. Dupont. — Mais c'est justement pour éviter à l'ouvrier le cabaret en lui donnant la possibilité de revenir déjeuner chez lui que ces deux heures sont généralement accordées. D'ailleurs, lorsqu'il s'agit de travaux un peu durs, tels que

ceux de nos dockers par exemple, une telle coupure, de toutes
façons, s'imposerait. — Quoi qu'il en soit, avec la journée de
huit heures, l'ouvrier a tout le temps de cultiver son jardin,
et d'y faire pousser les légumes nécessaires à sa famille.

Mme Moll-Weiss. — On pourrait remarquer à ce propos
que l'ouvrier qui fait pousser des légumes en mange davantage et consomme moins de viande : c'est là une alimentation
beaucoup plus saine, et en même temps beaucoup plus économique, non-seulement pour lui mais pour le pays.

M. Risler. — Pour développer les Jardins ouvriers sur une
plus vaste échelle, on peut faire appel au concours des Sociétés d'Epargne et de Secours Mutuel; leurs capitaux restent
en général immobilisés : ils pourraient être fort utilement
employés à l'acquisition de terrains. La chose se pratique
admirablement en Italie, où les fonds de ces Sociétés sont
tous employés sous une forme ou sous une autre au bien des
ouvriers. En France, seule jusqu'ici la Société des Prévoyants
de l'Avenir a consacré un capital de 4 millions à fonder une
Société de Crédit Immobilier.

M. Paul Bacquet. — En ce moment, il serait particulièrement opportun, je crois, pour avoir des terrains, de s'adresser aux sociétés d'Habitations à bon marché; elles achètent
beaucoup de terrains à bâtir que la cherté des matériaux et
de la main-d'œuvre ne leur permet pas d'utiliser de suite;
il serait aisé le plus souvent d'en obtenir la jouissance pour
y créer des jardins.

La chose a eu lieu à Boulogne : un terrain très bien situé
où étaient installés 40 de nos jardins ayant été loti et mis en
vente, les jardiniers en ont acheté une part, l'Office public
des Habitations à bon marché a acheté le reste et nous en
laisse la jouissance.

M. Risler. — Il ne faut pas oublier non plus les possibilités offertes aux Municipalités par la loi du 31 octobre 1919,
qui autorise les départements et les communes à acquérir
des terrains, à charge pour eux de les répartir entre des travailleurs ou des familles peu fortunées pour leur faciliter
l'accession à la propriété.

M. l'Abbé Lemire. — Ceci est fort intéressant, en effet, et
permet toutes sortes de combinaisons bienfaisantes. Je pro-

pose au Congrès d'émettre le vœu qu'il en soit fait largement usage (*adopté*).

Nous pourrions solliciter aussi de la part des autorités administratives une action moins directe, mais plus large et plus générale : c'est le vœu qui résume la très intéressante communication que M. Cazalet adresse au Congrès touchant le « Rôle social des Jardins ouvriers » : — « Vœu que l'attention des Municipalités et des Départements et celle des Offices municipaux et départementaux d'Habitations à bon marché soit appelée sur l'importance et la valeur d'ordre social des Jardins ouvriers, afin que la propagande la plus active et la plus soutenue soit organisée en faveur de cette œuvre, dont les multiples bienfaits doivent s'étendre à tout le pays ».

Le vœu qui nous est proposé par nos amis de Strasbourg précise très heureusement les modalités de cette propagande, qu'il voudrait voir confiée officiellement à l'autorité préfectorale, et réalisée en particulier sous forme d'enquêtes et de statistiques annuelles, régulièrement publiées.

Ces vœux se complétant l'un l'autre, je les soumets ensemble à l'approbation du Congrès.

Les vœux mis aux voix sont adoptés à l'unanimité.

M. Albert Touchard. — A l'heure où le bienfait social des Jardins ouvriers est en effet universellement reconnu, n'est-ce pas un véritable scandale que de voir, comme à Saint-Denis, des terrains vacants et incultes refusés à nos œuvres en dépit de toutes les démarches tentées auprès des propriétaires? Ce scandale, la Ligue du Coin de Terre ne pourrait-elle intervenir pour le faire cesser?.

M. l'abbé Lemire. — On a déjà demandé qu'un impôt spécial frappe les terres inutilisées. La Ligue pourrait intervenir en ce sens. Certes, il faut que tous les droits de la propriété soient respectés, mais non ses abus.

Mme Changeux. — A l'heure actuelle, le propriétaire se trouve souvent dans l'impossibilité de construire ou de cultiver lui-même. En confiant son terrain à une œuvre de Jardins ouvriers, il serait trop heureux d'échapper à l'impôt, et d'obtenir en sus une petite location.

M. Fabre (de Forcalquier). — Certains propriétaires abusent

véritablement de leurs droits pour écarter sans raison toutes propositions d'œuvres qui présentent un intérêt social évident, ou pour leur demander des conditions absurdes. — Pourquoi n'imposerait-on pas à tout propriétaire de faire lui-même une déclaration de valeur de sa propriété, cette déclaration devant servir de base à l'établissement de l'impôt, et, le cas échéant, du prix d'expropriation? Bien des abus seraient évités par là.

Pareil procédé a été institué par la loi du 27 mai 1918 en matière de succession : la déclaration faite sert de base en cas d'expropriation.

S'il était généralisé et que cette déclaration de valeur devint obligatoire pour toute propriété, bon nombre d'œuvres sociales en profiteraient, sans qu'il soit porté nullement atteinte aux droits légitimes des propriétaires.

M. L'ABBÉ LEMIRE. — Il importe assurément de sauvegarder à la fois les droits de la propriété privée et les intérêts sociaux de la collectivité tout entière. Nous pouvons tout au moins émettre le vœu que le problème soit étudié, et qu'on parvienne à établir à l'avance, en vue de l'expropriation possible, une base solide d'appréciation. Il est infiniment souhaitable, en effet, que l'Etat, les Départements, les Communes, comme les OEuvres, échappent au risque de caprices absurdes ou de spéculations inadmissibles.

Je propose en outre à l'Assemblée d'émettre le vœu que les terrains volontairement soustraits à tout usage et à toute culture soient grevés d'un impôt spécial qui décide leurs propriétaires à les utiliser.

M. BLAIS-MOUSSERON. — Je voudrais aller plus loin, et voir exonéré d'impôt tout terrain consacré à des Jardins ouvriers.

L'ensemble de ces vœux est adopté, et la séance est levée.

QUATRIÈME SÉANCE

Dimanche 7 novembre, à 9 heures.

Les Jardins ouvriers et la Vie chère.

PRÉSIDENCE DE M. QUEUILLE,
Sous-Secrétaire d'Etat au Ministère de l'Agriculture.

M. Ricard étant empêché, M. Queuille, sous-secrétaire d'Etat au Ministère de l'Agriculture, le remplace à la présidence.

En lui souhaitant la bienvenue, M. L'ABBÉ LEMIRE, évoque le souvenir des sympathies traditionnelles du Ministère de l'Agriculture à l'égard de la Ligue du Coin de Terre et des Jardins ouvriers. Il rappelle que M. Méline en 1906, M. Viger en 1907, ont bien voulu déjà présider nos assemblées. Il sait qu'il peut compter, de la part de M. Ricard et de la part de M. Queuille, sur la même bienveillance. Donner à l'ouvrier des villes un jardin, n'est-ce pas le rattacher à la terre de France, peut-être même un jour l'y ramener?

M. LE SOUS-SECRÉTAIRE D'ETAT exprime les regrets de M. Ricard, empêché au dernier moment de présider la séance du Congrès dont il suit les travaux avec intérêt.

« Le Ministre de l'Agriculture a pour tâche principale en effet d'accroître la production du sol français. Or le problème ne serait-il pas bientôt résolu si votre OEuvre pouvait, comme elle le souhaite, donner à chaque citoyen le coin de terre qu'il cultiverait avec amour? Par là aussi l'alimentation nationale serait vite assurée, et nous serions libérés du même coup du fardeau si lourd des importations étrangères... Nos efforts, Monsieur l'Abbé, se développent dans le même sens. C'est pourquoi toutes les sympathies du Ministère de l'Agriculture sont acquises à vos œuvres; c'est pourquoi les conclusions adoptées par votre Congrès seront accueillies par lui avec le plus vif intérêt.

La parole est donnée à M. Dumur, secrétaire du Syndicat des Maraîchers Parisiens, pour son rapport sur les Jardins ouvriers et la Vie chère.

Rapport de M. Ch. Dumur.

Des œuvres sociales créées depuis longtemps, celle des Jardins ouvriers est peut-être la seule qui, sans à-coups et sans heurts ait réalisé le programme que s'étaient tracé ses auteurs il y a plus de vingt ans. Cependant il a fallu la guerre, cette grande faucheuse d'hommes, mais aussi en revanche cette grande stimulatrice d'énergie, pour lui donner son plein développement.

Lorsqu'en 1916, je fus désigné comme professionnel agricole à l'Œuvre des jardins civils et militaires au Ministère de l'Agriculture, au contact des hommes éminents chargés de ce service ma conviction fut vite faite des résultats qu'il était possible d'obtenir au moyen de ce travail librement consenti. L'organisation de ces jardins sur toute l'étendue du territoire a permis en effet à la Nation de tenir moralement et alimentairement au cours des années les plus terribles de son existence menacée.

Ce que les jardins civils et militaires ont fait pendant la guerre, les jardins ouvriers le continueront pendant la paix, en luttant pied à pied contre la vie toujours trop chère, résultat fâcheux d'une mentalité faussée autant par les exigences commerciales que par celles du public. Car chacun sait que lorsque l'on est nombreux et que l'on frappe fort à la porte d'un commerçant, c'est malheureusement trop souvent le mercanti qui vient ouvrir.

**

De l'avis des hommes compétents en cette matière, le rapport moyen d'un jardin de deux à trois cents mètres était avant 1914 à peu près de 150 francs, évalué au prix des marchés d'alors, ce qui faisait environ 0 fr. 50 à 0 fr. 75 par mètre carré de culture.

Combien de fois devrait-on multiplier aujourd'hui ce chiffre? Car depuis cette époque la valeur des choses a presque quintuplé. Si je prenais le coefficient officiel de 3,5 comme majoration, j'arriverais au chiffre de 575 francs pour la valeur à ce jour du rapport moyen de nos jardins, soit 1 fr. 75 à 2 fr. 80 par mètre. Ceci, quoique juste, paraîtrait certainement trop simpliste : je vais essayer par d'autres arguments de prouver que ce n'est là, au contraire, qu'une vérité plutôt atténuée.

Entrons, si vous le voulez bien, par la pensée, dans un de ces jardins. Nous y verrons tous les légumes et plantes indispensables à l'existence, et aussi quelques fleurs pour égayer l'aspect. Pas un coin de terre n'est délaissé, tout est mis en valeur, et, grâce à l'année fertile de 1920, la récolte s'annonce superbe en toutes saisons. C'est que beaucoup de nos ouvriers sont devenus des maîtres dans l'art de cultiver, et que, contrairement à ce qui se passait avant la guerre, ils ne font plus le jardin en amateurs, mais en jardiniers conscients de la valeur des choses, et de l'économie qu'ils pensent en tirer. Quand ils savent que la plus modeste salade est souvent vendue 0 fr. 40 et 0 fr. 50 dans le commerce, c'est par centaines qu'ils s'efforcent de la multiplier. De même pour le démocratique choux pommé, devenu lui aussi un légume de luxe, puisque l'on voit son prix atteindre un taux inconnu jusqu'ici : un franc bien souvent! Notre ouvrier sait pouvoir en récolter facilement quatre au mètre carré : voyez par ce modeste produit, ce que peut être le rapport du mètre de culture.

Les oignons, tomates, carottes, navets, choux-raves, salsifis ne s'écartent guère du prix de un franc le kilogr. et c'est par 25 ou 30 kilogrammes souvent que se récolte chaque spécialité.

En l'année généreuse de 1920, les pois, les haricots verts ont abondamment pourvu le ménage de légumes savoureux et rafraîchissants au cours de l'été. Plus d'un jardinier en a récolté 30 à 50 kilogrammes dans un espace très restreint ; et si les prix n'ont pas toujours été soutenus par les agriculteurs, abondamment pourvus eux aussi, les consommateurs ne les payaient souvent pas moins de 1 franc ou 1 fr. 50 le kilogramme.

Les poireaux, tant prisés par les ménagères, ont pris aujourd'hui la valeur d'objets d'art. Il n'est pas rare cependant d'en voir près d'un millier de différents âges dans nos modestes jardins.

Que dire des pommes de terre, si utiles à l'alimentation populaire ? — Il fut souvent possible cette année d'en récolter 2 ou 3 kilogrammes par mètre.

Ajoutons à ces produits principaux les petits condiments indispensables à la cuisine et au ménage, et souvent chers, eux aussi : radis, ails, échalottes, persil, cerfeuil, ciboule, oseille, cornichons, rhubarbe ; et quelques fruits : fraises, melons, ainsi que quelques plantes médicinales, qui viennent par leur valeur augmenter le rendement du jardin.

Il faut dire aussi que beaucoup de nos jardiniers, s'inspirant des méthodes en usage chez les maraîchers professionnels, savent faire chevaucher et intercaler les cultures, ce qui augmente considérablement le rendement en produisant trois ou quatre récoltes successives, sur tout si l'eau et les engrais ont été mis à leur disposition. Car dans certains groupements, avec l'aide de la Municipalité, ce tour de force a été réalisé pour permettre une production intensive.

Sans vouloir faire ici un cours de culture potagère, je dois indiquer, pour l'édification des profanes, les avantages qui résultent de ces méthodes d'intercalement, de chevauchement et d'alternat des cultures.

On peut diviser les plantes de jardins en quatre catégories : 1° plantes à rapide développement ; 2° plantes plus lentes à se développer ; 3° plantes à végétation horizontale ; 4° plantes à développement vertical. Il s'en suit que si l'on sait bien disposer ces diverses catégories, on peut, dans un espace restreint, faire double récolte sans gêne mutuelle, par l'intercalement des semences ou le chevauchement des plantations.

Par exemple, un semis de radis, d'épinards, de carottes, de mâches, peut être effectué dans une plantation de salades comme culture intercalaire.

De même, comme chevauchement, une plantation de choux pommés, choux-raves, choux de Bruxelles, cardons, céleris, peut être contreplantée dans une plantation de laitues, chicorées, scaroles, voire même de pommes de terre.

Quant à l'alternat des cultures, nos ouvriers ne doivent pas omettre de le pratiquer après chaque récolte, c'est-à-dire ne jamais faire succéder une culture à une autre semblable et de même essence au cours de la même année ou même de l'année suivante, chaque variété de légumes puisant dans le sol des éléments nutritifs différents.

Lorsque nos ouvriers savent employer ces méthodes, qu'ils savent alterner périodiquement et judicieusement leurs semences ou plantations, ils sont assurés de récoltes parfaites et proportionnées à leurs besoins journaliers, surtout s'ils savent aussi prendre certaines précautions pour protéger leurs légumes de la rigueur de l'hiver.

S'il y a pléthore de production par rapport aux besoins journaliers, l'économie ménagère de la femme intervient; les légumes qui ne peuvent être utilisés immédiatement sont mis en conserves : conserves de pois, de haricots verts, de tomates, d'oseille, confitures, qui seront des plus profitables à la famille pendant la mauvaise saison.

Vous voyez qu'étant donnés les soins de nos ouvriers, les produits de la récolte, et la valeur qu'ils représentent, le chiffre de 5 à 600 francs qui a pu tout à l'heure paraître exagéré à certains, correspond bien au rapport moyen d'un jardin d'une contenance de 200 à 250 mètres.

Certains groupements, du reste, entre autres celui de Strasbourg, accusent un rapport de 300 francs par are.

Ainsi donc, en se basant sur un chiffre approximatif, et certainement très inférieur à la réalité, de 40.000 jardins ouvriers en France, ce serait au minimum pour nos ouvriers 20 à 22 millions de bénéfice dûs à leur travail personnel. Bénéfice minime peut-être à l'heure où l'on parle de milliards avec trop de facilité, mais cependant combien suggestif !

Ne représente t-il pas un gros effort dans l'œuvre commune de reconstitution nationale, au point de vue matériel comme au point de vue moral ?

*
* *

Lorsqu'aux avantages déjà si appréciables d'un jardin potager, la sécurité du lieu permet à l'ouvrier d'adjoindre un clapier ou une basse-cour, il touche au summum de l'économie familiale, il réalise un mieux-être important dans son alimentation.

Ce clapier, cette basse-cour, souvent faits de matériaux

disparates et peu harmonieux, n'en sont pas moins pour lui une petite ferme en miniature. En utilisant là les reliefs de son jardin et de sa cuisine, épluchures de légumes, feuilles inutiles, herbes, croûtes de pain des enfants, restes de repas qui seraient perdus, il obtient un bénéfice des plus appréciables.

Il m'a été permis de voir parmi nos ouvriers quelques-unes de ces installations rudimentaires, où vingt ou vingt-cinq lapins de différents âges attendaient leur complet développement pour être sacrifiés à la nourriture du ménage.

Un mâle reproducteur et deux ou trois femelles étaient chargés d'entretenir l'effectif de cette petite colonie. Comme chacune d'entre elles peut réussir facilement deux portées de six à neuf lapereaux, quelquefois plus, au cours de l'année, il s'en suit que, sans amoindrir son effectif, au contraire, l'ouvrier peut facilement manger tous les quinze jours un lapin adulte de poids moyen, dont le prix équivaut aujourd'hui à 16 ou 18 francs; il peut aussi en céder pour l'engraissement après sevrage.

Si pour l'achat de la nourriture en grains, son, etc., nécessaire à cette colonie, la dépense est en moyenne de un franc par mois et par sujet, il s'en suit que pour chaque lapin consommé c'est une économie de 50 p. 100 au minimum réalisée, et il y faut ajouter le prix des peaux qui ont pris une certaine valeur depuis quelques années.

Souvent la place manque, et la sécurité plus encore pour l'établissement d'une basse-cour. Car poules et coqs décèlent trop vite leur présence. Cependant quelques-uns de nos ouvriers ont pu le réaliser, mais la plupart, au lieu de faire l'élevage eux-mêmes, se contentent de l'achat de jeunes poulettes et coquelets. Avec une demi-douzaine achetée dès le mois de mai ou juin, l'ouvrier pourra commencer dès l'automne à récolter les œufs nécessaires à l'alimentation du ménage en général et des enfants en particulier ; et si, par une alternance continue, il entretient l'âge judicieux de ses sujets, il pourra espérer faire journellement la levée de ces œufs, dont les prix atteignent à l'heure actuelle une valeur si énorme.

Avant la guerre, les œufs valaient 15 à 20 centimes environ, la nourriture nécessaire aux volailles pouvait s'obtenir à des prix variant entre 20 et 30 francs les 100 kilogrammes, elle vaut à l'heure actuelle 80 à 100 francs ce qui ressort environ à 40 francs par sujet. Une poule pouvant pondre annuellement une centaine d'œufs, le prix d'un œuf revient à notre éleveur amateur à peu près à 0 fr. 40, ce qui lui donne par rapport aux prix commerciaux un bénéfice de près de 100 francs, auquel viendra s'ajouter en son temps le produit de la chair de ces volailles, qu'il faut reconstituer chaque année, prix respectable, et valeur culinaire appréciable pour agrémenter la table de famille.

Certains ouvriers privilégiés, dans nos villes de province, jouissent, sur leur coin de terre, d'une petite maison : pour ceux-là, c'est vraiment le rêve réalisé, car ils pourront adjoindre encore aux avantages que je viens d'énumérer la possession de canards, de pigeons, d'abeilles, voire même d'une chèvre, et quelquefois l'élevage d'un porc : c'est alors quelques centaines de francs de plus qu'il faudrait ajouter au rapport moyen d'un de nos jardins.

Il conviendrait de mettre en relief, à côté de tous ces avantages directs assurés par la possession d'un jardin et d'une basse-cour, les avantages indirects que procure à la collectivité cette production bénévole. Car on peut dire que l'ouvrier qui travaille et produit dans son jardin pour lui personnellement travaille en même temps pour cette collectivité, puisque l'existence de sa récolte influe sur le prix qu'auraient pris, faute de son effort, les produits nécessaires à l'alimentation générale.

De plus, en économie sociale, l'argent que l'ouvrier gagne en travaillant se double de celui que, pour ce faire, il ne dépense pas.

Il libère en même temps par cette production qui est, si l'on peut dire, à pied-d'œuvre, tous nos services de transports, ainsi que la main-d'œuvre nécessaire à l'emballage, à la manutention, etc. On peut, en effet, sans crainte d'exagération, estimer le poids moyen de nos récoltes à 500 kilogrammes par jardin, ce qui ferait pour l'ensemble 20 millions de kilogrammes à transporter. Combien de wagons, de voitures, de chevaux sont-ils libérés de ce fait ? L'éloquence des chiffres parle mieux que tous les commentaires, et je vous laisse le soin de conclure l'économie réalisée de ce chef, pour le plus grand profit de la collectivité.

Voilà donc bien des preuves de l'utilité des jardins ouvriers, et des résultats tangibles des efforts accomplis.

Il pourrait sembler que ce soit là l'effort maximum, et qu'il n'y ait plus qu'à conserver le terrain acquis.

Les personnes qui sont ici ne sont pas de cet avis.

Elles savent maintenant ce que sont les jardins ouvriers, ce qu'ils ont donné, ce qu'ils donnent, ce qu'on est en droit d'en attendre. Elles savent que, par ce temps de vie chère, ils représentent un appoint très appréciable pour les ménages ; elles savent que le jardin est un régulateur de la vie de famille, qu'il retient le père loin du cabaret, qu'il l'empêche de courir aux réunions publiques, qu'il l'éloigne des manifestations tumultueuses, tandis que la femme et les enfants profitent d'un bien-être inconnu jusque-là, aussi bien au point de vue de la santé que leur vaut le plein air, qu'au point de vue

de la paix du ménage, de la tranquillité, de l'économie
que leur assure la possession d'un jardin.

Il faut donc que l'exemple soit partout suivi!

* * *

En multipliant les petits potagers, en cultivant les terrains libres, nous travaillerons, en ce qui nous concerne,
à conjurer la crise de la vie chère qui nous étreint.

Sans vouloir en effet trop préjuger des chiffres cités
tout-à-l'heure, et sans méconnaître les aléas possibles,
on peut affirmer que dans les circonstances présentes
(insuffisance de la main-d'œuvre agricole, besoins des
consommateurs, exigences des ouvriers) l'existence des
jardins ouvriers constitue pour la collectivité un sérieux
avantage.

Si à ce moment un dixième peut-être de nos familles
ouvrières se trouve pourvu de légumes par ses propres
moyens, le prix de vente des produits de même ordre est
abaissé d'autant. Les jardins ouvriers servent ainsi de
régulateurs des cours. Car les prix élevés n'ont pas toujours le don d'entraîner la surproduction qui en atté-
nuerait les effets.

Grâce à l'année fertile de 1920 et avec la multiplication infinie des jardins ouvriers et particuliers, on a pu
voir cette année le prix des légumes de toutes sortes
s'abaisser de 50 p. 100 chez les producteurs comparati-
vement aux années dernières.

J'ai pu observer moi-même de grandes baisses sur le
prix des légumes et produits agricoles; mais rarement le
consommateur s'en est aperçu, le commerce jugeant
souvent inutile de baisser ses cours pour ne pas avoir à
les remonter plus tard et gardant pour lui seul une différence excessive, qui eut pu donner satisfaction au
public si elle eût été plus justement répartie.

Je sais que cette affirmation peut laisser sceptique mon auditoire, mais je puis la certifier exacte, par suite de mes fonctions de secrétaire d'un important groupement maraîcher.

La profession maraîchère éprouve directement la concurrence des jardins ouvriers, concurrence loyale, qu'elle encourage d'ailleurs par la fourniture souvent désintéressée aux ouvriers de ces jardins des plants qui leur sont nécessaires et des conseils de culture dont ils ont besoin pour leurs emblavements, jugeant sans égoïsme que le soleil luit pour tout le monde, et surtout pour tous les jardins.

Lorsque dans une ville industrielle, comme celles de la grande banlieue de Paris par exemple, cinq cents familles seulement sont pourvues de jardins et produisent ce qui leur est nécessaire en légumes, pommes de terre, choux, pois, haricots, tomates et salades, on peut compter sans crainte que 1.500 ou 2.000 personnes vivent de ces produits. Qu'arriverait-il si, aux marchés locaux, 500 ménagères de plus venaient par leur présence et leurs achats se disputer les apports de nos approvisionneurs?

Qu'on pense une minute aux prétentions des fruitiers et des vendeurs des marchés si la demande des consommateurs venait s'augmenter des quelques 250.000 francs de légumes que produisent les jardins ouvriers de cette ville !

Au point de vue purement matériel, ceci démontre que les jardins ouvriers sont indispensables et que si partout où ils existent il faut aider à leur développement, il faut en créer partout où il n'en existe pas. Car seuls ils portent en eux le remède à cette chose dont on a trop parlé : « La vie chère ».

Est-il besoin d'insister? chacun sait qu'en économie sociale il faut produire beaucoup pour vivre à bon marché. Donc « travailler et produire » doit être la devise de nos jardiniers bénévoles, comme celle de tous les citoyens. Tous ceux qui cultivent savent d'ailleurs le plaisir qu'ils éprouvent dans la récolte de produits qui sont indispensables à leur existence, et qui ne leur ont coûté qu'un peu de bonne volonté, de courage et de persévérance dans l'effort.

Convaincus de ces avantages, les hommes qui sont à la tête de nos œuvres veulent en faire profiter tous les ouvriers, tous les pères de familles à qui la loi de huit heures va procurer des loisirs, trop de loisirs, qui pourraient devenir néfastes si l'homme n'était pas retenu, captivé, par un travail qui l'attache. Et nul travail comme celui de la terre n'est capable de prendre puissamment un homme, de le retenir et de l'absorber par l'espoir chaque jour renouvelé d'une récolte dûe à son effort personnel et nécessaire à ses besoins.

Peut-être, alors, nous sera-t-il permis d'espérer voir diminuer cette vie chère, qui crée la gêne dans les foyers, et jette la perturbation dans les organismes vitaux de la Nation.

Je ne voudrais pas terminer sans remercier tout mon auditoire de la bienveillante attention qu'il m'a accordée, et particulièrement M. le Ministre, auquel je me permets de faire appel en faveur des Jardins ouvriers, sachant l'intérêt personnel qu'il attache à ces œuvres de travail libre, de saine moralité, et surtout de parfaite économie sociale, œuvres qui toutes, comme la Ligue Française du Coin de Terre et du Foyer qui les groupe, paraissent être des rayons échappés du Paradis terrestre pour atteindre nos ouvriers courageux et modestes, grâce à l'initiative de notre cher abbé Lemire, qui peut revendiquer hautement la paternité des jardins ouvriers français.

M. Queuille remercie M. Dumur de ce rapport, remar-

quablement intéressant parce qu'il est le rapport d'un praticien, qui traite avec compétence un sujet qu'il connaît à fond, et qui sait comprendre en même temps la haute portée sociale des Jardins ouvriers.

Puis il prend la parole à son tour.

Discours de M. Queuille.

Mesdames,

Messieurs,

M. Lemire rappelait tout à l'heure la sympathie témoignée jadis à vos œuvres par le Ministère de l'Agriculture, et formulait l'espoir que cette sympathie serait la même aujourd'hui.

Comment pourrait-il en être autrement?

Le Ministre de l'Agriculture vous doit plus que sa sympathie, il vous doit son aide, et plus que son aide, sa collaboration absolue.

Son rôle, en effet, consiste avant tout à développer la culture et la mise en valeur du sol français : n'est-ce pas là le premier résultat de votre œuvre ?

Tout un ensemble d'efforts a été conçu ces dernières années dans un esprit analogue. Et la Chambre Française a été particulièrement soucieuse de les encourager.

Depuis 1910, la loi donne à tout Français la possiblité d'obtenir par l'entremise des Caisses de Crédit Agricole un prêt à très faible intérêt — 2 p. 100 ordinairement — lui permettant d'acheter un coin de terre ou un petit champ jusqu'à concurrence d'une valeur de 8.000 francs.

Il existe déjà 4.000 bénéficiaires de cette loi. Déjà 16 millions ont été prêtés pour permettre ces achats.

Et pourtant la guerre est intervenue au cours de ces années; la plupart de ceux qui auraient pu bénéficier de la loi étaient au front. Et depuis lors, beaucoup sont revenus mutilés.

Dans les conditions nouvelles de la vie, le prêt de 8.000 francs devenait insuffisant. Alors une nouvelle initiative parlementaire accorda à ces hommes meurtris par la guerre des avantages nouveaux pour leur permettre de rester à la terre : la loi du 9 avril 1918 permit aux Réformés n° 1 d'obtenir de la Caisse régionale de Crédit Agricole, pour acquérir un petit bien, un prêt de 10.000 francs remboursable par annuités. Et cette annuité devait être réduite de 0 fr. 50 p. 100 à la naissance de chaque enfant.

Seulement, pour obtenir ce prêt, il fallait contracter une assurance sur la vie. Et souvent, aux plus intéressants, aux aveugles, aux tuberculeux, ces blessés pulmonaires, la compagnie d'assurances la refusait. Il fallut modifier la loi: l'assurance désormais peut être contractée sur la tête du conjoint, qui garantit le prêt.

Et maintenant, nous voyons chaque jour les Caisses de Crédit agricole demander au ministère de l'Agriculture des avances pour donner à ces agriculteurs victimes de la guerre le moyen d'acquérir un coin de cette terre pour laquelle ils ont souffert. N'est-ce pas bien là le rêve de votre œuvre?

Mais le prix de la terre s'est élevé rapidement, et avec 10.000 francs on ne peut plus guère acquérir qu'un coin de terre insuffisant pour une famille.

C'est pourquoi une loi nouvelle fut bientôt promulguée, qui porte le prêt à 20.000 francs. Et enfin la loi du 5 août 1920 permet des prêts jusqu'à un maximum de 40.000 francs.

Cette loi a encore prévu que des sociétés à intérêts collectifs pourraient recourir à ces prêts pour acquérir des domaines en vue de les lotir et de les mettre à la disposition des petits, des très petits, pour y établir maisons et jardins.

Le décret soumis actuellement au Conseil d'Etat va permettre de passer à l'application.

D'autres lois seraient à signaler dans le même sens, comme la loi Bonnevay, qui permet aux départements d'acheter de grands domaines et de les lotir, afin de donner aux plus petits cultivateurs ou ouvriers ruraux la possibilité de rester attachés à la terre. Il est même question d'étendre ce droit aux communes.

Toutes ces mesures poursuivent un but analogue à celui de la Ligue du Coin de Terre.

*_**

D'autres, dont l'objet est différent, sont inspirées par le même ordre d'idées.

Vous vous êtes préoccupés surtout de procurer aux ouvriers des villes un petit coin de terre qu'ils puissent cultiver, et pour l'art, et pour le profit. Mais actuellement il existe des gens qui ont ce petit coin de terre, qui ont ce jardin, et qui n'ont qu'un désir, c'est de l'abandonner parce qu'il est trop petit, parce que son produit est insuffisant pour les faire vivre, et qu'ils se disent qu'il vaut mieux aller vivre dans les villes, trouver les gros salaires, si allèchants vus de loin!

Pour peu qu'il ait connu la vie des villes, l'homme des campagnes pauvres a tendance à abandonner la terre.

Assurément, là encore nous serons d'accord avec vous pour aider à ce que ceux qui ont un coin de terre ne l'abandonnent pas.

Mais que dire à l'homme qui vous montre que sa terre

est trop petite, et son produit trop faible pour élever une famille?

Quelle solution lui proposer?

Je crois qu'on peut la trouver en lui fournissant sur place la possibilité d'un métier d'appoint qui lui permette, tout en restant fidèle à la terre, de gagner sa vie et celle de ses enfants.

Cette organisation de travail à domicile rural rencontre des critiques ; il sera, dit-on, impossible de lutter contre la concurrence des usines, et terriblement difficile d'écouler les produits.

A la première de ces critiques, nous sommes à la veille de pouvoir répondre victorieusement : si, pour rivaliser avec les usines, il faut donner à l'ouvrier des campagnes un outillage moderne et mettre une force motrice à sa disposition, l'aménagement du réseau des fleuves français va les lui fournir.

Car un article de la loi du 16 octobre 1919 assure au Ministre de l'Agriculture, partout où seront installées des usines pour l'utilisation de la force motrice des cours d'eau, le droit d'intervenir pour qu'une part de cette force soit réservée afin d'être répartie dans les campagnes en vue des travaux agricoles, en particulier dans les pays de petite culture.

De la sorte, et grâce à ces moyens nouveaux, on peut espérer qu'à l'avenir les longues soirées d'hiver pourront ajouter pour l'ouvrier des campagnes aux produits insuffisants de la terre ceux de l'industrie.

A la seconde objection, l'exemple des syndicats agricoles qui ont réussi à grouper les paysans pour l'achat d'engrais fournit la meilleure des réponses : d'autres syndicats ne pourraient-ils s'organiser aussi bien pour l'écoulement et la vente des produits fabriqués?

On arriverait ainsi, sinon à lutter avec l'industrie des villes, du moins à fournir aux paysans l'appoint de gain

nécessaire pour qu'ils n'abandonnent point la terre, pour
que les enfants grandissent là où ils sont nés, là où ils
vivront d'une vie plus saine et plus heureuse que dans
les villes.

****

Tout en étant un peu à côté de vos œuvres, ces questions, vous le voyez, ne vous sont pas étrangères; elles
sont de même ordre que celles que vous étudiez chaque
jour. Et si je me suis plu à vous en dire ici quelques
mots, c'est pour rappeler à votre président que ce n'est
pas seulement de la sympathie qu'il doit attendre du Ministère de l'Agriculture, mais une véritable collaboration.

Tous nous travaillons pour la terre de France : notre
action doit s'exercer en commun.

Vous devez trouver au Ministère de l'Agriculture, et
vous y trouverez, mon cher Président une collaboration
aussi étroite que le mérite une œuvre telle que celle que
vous avez créée.

M. L'ABBÉ LEMIRE. — Je vous remercie, mon cher Ministre,
de cette précieuse assurance, si encourageante pour l'avenir
de nos œuvres. Soyez aussi remercié d'avoir si heureusement
élargi la question posée au Congrès ce matin, en rattachant
ce modeste effort de nos Jardins ouvriers luttant contre la vie
chère, au grand effort de notre législation moderne pour
encourager l'agriculture et développer la production en favorisant l'attachement du travailleur à la terre de France.

Les facilités nouvelles accordées aux sociétés à intérêts collectifs sont pour nous particulièrement intéressantes. Notre
Ligue du Coin de Terre pourrait entrer, je pense, dans cette
catégorie. La Commune n'y entre-t-elle pas?

M. QUEUILLE. — La loi du 9 avril 1918 n'a pas nettement
défini les sociétés prêteuses. Mais la Commune est assuré-

ment une personne morale mieux qualifiée que toute autre
pour représenter les intérêts collectifs.

M. L'ABBÉ LEMIRE. — Notre président tout comme moi,
Mesdames et Messieurs, est intéressé directement par cette
question, car il est, lui aussi, maire de sa commune. Maire
rural et médecin, il connaît les besoins, il a touché de près
les souffrances... Il ne manque pas à la Chambre de ces cœurs
généreux qui portent en eux le souci profond du bien à faire
parce qu'ils savent le mal à soulager.

M. GALLOTTI. — Ne pourrait-on, pour mettre à profit les
avantages offerts par toutes ces lois, constituer dans les campagnes des associations ou des coopératives? Nous avons vu
dans les pays dévastés les immenses services que pareilles
organisations peuvent rendre.

M. QUEUILLE. — Des instructions récentes ont été données
par le Ministre en vue d'aider justement à la création de coopératives pour la répartition de l'énergie électrique. Ces coopératives peuvent s'adresser au Crédit Agricole pour obtenir
les avances qui leur sont nécessaires.

M. GALLOTTI. — Ne serait-il pas possible aussi de tirer meilleur parti qu'on ne fait des *biens communaux,* en les attribuant soit à des coopératives, soit à des familles indigentes?

M. QUEUILLE. — Les biens communaux sont pour la plupart
« biens de section », c'est-à-dire réservés à une certaine catégorie d'habitants de la commune. Le Conseil municipal peut
les administrer pour le compte de la section, mais il ne peut
en disposer ni les vendre. Souvent, d'ailleurs, les biens communaux sont mis à la disposition des indigents, par exemple
pour y faire pâturer leurs bêtes. — Il y aurait bien une autre
solution, qui consisterait à vendre ces biens au profit de la
Commune. Ce sont souvent d'immenses landes incultes : le
jour où la propriété individuelle succéderait à la propriété
collective, le moindre coin de terre serait mis en valeur.

M. L'ABBÉ LEMIRE. — Assurément. Et pourtant je ne verrais
pas volontiers supprimer les biens communaux, dernière sur-
vivance d'un bien qui était en réalité celui de tous, le bien
des habitants de la commune, présents et futurs... Je songe
au contraire pour ma commune d'Hazebrouck à compléter les
propriétés individuelles par une propriété collective, afin de

pouvoir donner au moins un peu de terre en jouissance à ceux qui ne sont pas et ne seront jamais propriétaires. — Ailleurs, il s'agit au contraire d'utiliser des terres inemployées. Le problème est différent suivant les situations, et les régions.

M. Goemaere, *secrétaire général de la Ligue du Coin de Terre de Belgique, demande la parole.*

« En présence du représentant du Ministère de l'Agriculture de France, il me semble intéressant d'exposer au Congrès ce que la Ligue du Coin de Terre Belge a pu réaliser grâce à l'appui du Ministère de l'Agriculture de Belgique.

Le Ministère de l'Agriculture vient en aide à notre œuvre de trois manières :

D'abord en lui attribuant une *subvention* annuelle de 50.000 francs. Cette subvention nous est infiniment précieuse, particulièrement en ce qu'elle nous permet d'encourager largement les initiatives nouvelles. Et le plus souvent, vous le savez, tout est là : un début est toujours difficile, mais une œuvre bien commencée ne s'arrête plus.

En second lieu, le Ministère de l'Agriculture met à la disposition de la Ligue des *Conférenciers*, Agronomes de l'Etat, qui deux fois par an viennent donner leurs conseils à nos jardiniers : *Conférence d'hiver*, qui rappelle à tous les principes généraux essentiels (préparation du sol, choix des semences, dispositions des cultures, etc.) *Conférence d'été*, faite aux jardins, qui donne sur place à chacun les conseils individuels dont il a besoin et réalise du même coup l'inspection du terrain. — En dehors des Agronomes de l'État, nous avons aussi des Conférenciers libres, que le Ministère agrée, et auxquels il attribue la même allocation qu'à ses conférenciers officiels.

Le Ministère de l'Agriculture nous aide en troisième lieu, par le moyen *d'expositions et de concours*. Indépendamment des prix décernés, une prime de 1 franc par are est attribuée à tout jardiner autorisé par le Comité local de la Ligue à prendre part au Concours.

Grâce à cet appui si intelligent et si large, notre Œuvre s'est développée au cours des dernières années d'une manière vraiment merveilleuse : nous avons en Belgique aujourd'hui 180.000 jardins.

M. l'abbé Lemire. — Quelle est la surface de ces jardins?

M. Goemaere. — Elle varie de 3 à 10 ares suivant le nombre des membres de la famille. A chaque naissance nous ajoutons un are au coin de terre.

M. Lemire. — Mais comment la Ligue se procure-t-elle les terrains nécessaires?

M. Goemaere. — Quelques terrains nous sont prêtés. Nous en louons beaucoup. Mais aussi, avec l'approbation du Gouvernement, nous réquisitionnons les terres incultes, par l'intermédiaire des Communes, qui ont ce droit depuis la guerre : c'est un bien qui est sorti du mal.

M. Lemire. — Nos Communes aussi avaient ce droit pendant la guerre. Elles ne l'ont malheureusement plus aujourd'hui.

J'ai reçu à ce sujet, à l'occasion du Congrès, une communication intéressante de la Société des Jardins ouvriers de Clichy, qui signale le scandale qu'il y a à voir des terrains, réquisitionnés pendant la guerre et mis alors en culture repris aujourd'hui par leurs propriétaires pour être de nouveau laissés à l'abandon : elle conclut par le vœu que la loi Méline, édictée pour le durée de la guerre, soit aujourd'hui rétablie, particulièrement en ce qui concerne les localités du département de la Seine. Je propose au Congrès de reprendre ce vœu en l'étendant à toute la France.

Le vœu tendant à la remise en vigueur de la loi Méline pour la réquisition des terres incultes est adopté par le Congrès.

M. Goemaere. — J'aime à rappeler ici que c'est un prêtre français, M. l'abbé Gruel, qui a apporté en Belgique il y a vingt-trois ans l'idée de la Ligue du Coin de Terre et qui l'y a fondée. A la réalisation de cette idée française, nous avons apporté l'esprit pratique de la Belgique.

Aujourd'hui la Ligue compte 717 Comités locaux, groupés autour de 28 Comités régionaux, sous la direction du Comité Central de Bruxelles. 7.300 hectares sont mis en culture par 180.000 familles, comptant 732.000 personnes. C'est environ le dixième de la population du royaume qui a vécu l'année la plus terrible de la guerre des produits de son Coin de terre.

M. L'Abbé Lemire. — Je suis heureux, mon cher M. Goemaere, de saluer les magnifiques résultats obtenus par votre Ligue du Coin de Terre belge, sœur de notre Ligue française. Comme vous le rappeliez tout-à-l'heure, il y a vingt-trois ans, en effet, l'abbé Gruel, prêtre d'Artois, venait de Bruxelles me voir à Hazebrouck. Nous étions autour de lui huit ou dix, dont notre ami le Dr Lancry. Et c'est alors que nous décidâmes de fonder cette Ligue du Coin de Terre, lui en Belgique, moi en France. Votre exposé vient de nous permettre d'apprécier l'admirable développement qu'elle a pris chez vous. Je vous en remercie. Nous nous en souviendrons pour formuler les vœux qui doivent clore ce Congrès. Notre Ligue française a un nom, un centre, un rayonnement à travers la France; mais ce rayonnement est trop accidentel, trop fragmentaire. Nous retiendrons l'exemple de l'organisation belge pour constituer nous-mêmes une organisation permanente mieux coordonnée.

M. Goemaere. — Je dois ajouter qu'une loi nouvelle sur les Habitations à bon marché nous donne aussi de grandes facilités pour louer ou pour acheter des terrains. Une Société au capital d'un million a pu être ainsi constituée en vue de consentir des prêts pour l'acquisition d'un coin de terre, soit par la Ligue, soit par des particuliers. L'Etat fournit 1/5 du prêt, la province 1/5, la commune 1/5, un autre cinquième est fourni par une Association de Bienfaisance (hôpital, hospice, etc.), le dernier cinquième enfin par l'acquéreur, et de cette somme elle-même il suffit qu'un cinquième soit versé de suite. Cette Société, fondée au capital d'un million, peut emprunter aux grandes Sociétés financières les fonds qui lui sont nécessaires, à raison de 2 0/0 et jusqu'à concurrence de cinq fois son capital.

Toutes ces facilités, nous les devons à notre organisation centrale, à la confiance qu'elle a su inspirer à l'Etat et au Ministère de l'Agriculture. Nous avons aujourd'hui la personnalité civile. Elle a même été reconnue à chaque Comité local.

M. Matton (de Gravelines). — Le rapport de M. Dumur estimait tout à l'heure à 575 francs le produit d'un jardin. Un tel résultat suppose l'assiduité journalière de l'ouvrier. Mais pour l'obtenir il serait nécessaire de créer une émulation, d'instituer des fêtes, des concours, des distributions de prix. L'établissement d'une fête annuelle par arrondissement serait, je crois, chose excellente pour stimuler les divers groupements. Mais tout cela coûte fort cher. Il faudrait que nous puissions, comme la Ligue belge, obtenir l'aide de l'Etat.

M. Queuille. — Dès à présent, par le moyen des Offices Agricoles, je crois qu'il nous serait permis de faire un peu pour votre Ligue en France ce qui a été fait en Belgique, au sujet des Conférences notamment. Les Offices Agricoles sont invités à créer pour leurs conférenciers des champs d'expérience : il ne peut être meilleur champ d'expérience que les Jardins ouvriers. Le Ministère de l'Agriculture peut aussi donner aux Offices Agricoles régionaux et départementaux certaines indications touchant l'emploi des subventions qu'il leur alloue. Vos désirs seront transmis au Ministre, et par lui aux Offices Agricoles.

M. l'abbé Lemire. — Je note avec reconnaissance votre indication, mon cher Ministre, et je propose au Congrès d'émettre le vœu que les Offices Agricoles soient le lien entre les œuvres libres et l'Administration, tant pour la propagande à réaliser que pour les subventions à procurer aux créations nouvelles.

Ce vœu est adopté à l'unanimité par l'Assemblée.

M. Queuille. — En ce qui concerne les Habitations à bon marché, les facilités sont chez nous à peu près les mêmes qu'en Belgique. — Pour ce qui est de la réquisition des terres incultes, nous n'avons présentement aucun moyen d'action. Faut-il en demander?... Je soumettrai la question à M. le Ministre.

M. le Dr Masbrenier (de Melun) insiste sur l'importance primordiale du subside belge annuel de 50.000 francs, qui permet toutes les initiatives. Quant aux Conférences, ce n'est pas le tout d'avoir des Conférenciers. A Melun, ils ne manquent pas. Mais les conférences ont lieu en semaine, à la Mairie; la plupart des jardiniers n'y viennent pas. Pour être efficace, la conférence doit être faite le dimanche, sur le terrain.

M. Barbier (de Maubeuge). — Nous avons à Maubeuge

une conférence chaque mois. Elle est faite presque toujours aux jardins, par un professeur d'Horticulture (que la Société des Jardins ouvriers et le Cercle Horticole s'unissent pour indemniser). Elle est suivie d'une tombola.

M. Paul Bacquet — La Conférence sur le terrain se heurte parfois à des difficultés pratiques. Mais pour obtenir la présence des jardiniers il suffit, comme on le fait à Maubeuge, d'adjoindre à la conférence une tombola gratuite : instruments de jardinage, poules, lapins, ce que vous voudrez... les assistants ne manqueront pas. Cela ne veut pas dire que les conseils du conférencier soient toujours suivis : en face de lui, tantôt c'est le débutant qui écoute bouche bée sans trop chercher à comprendre, tantôt c'est le fin amateur, qui a sa manière, et qui admet difficilement qu'un Monsieur qui selon lui ne met pas assez la main à la pâte, vienne lui faire la leçon !. Il y a toujours quelque profit cependant. A Boulogne, nous donnons à nos jardiniers trois conférences par an, et nous organisons un concours qui est jugé par des professionnels.

M. Marque. — Nous avons essayé à Ivry d'organiser des concours; il en est résulté plus de mécontentements, de jalousies et de réclamations, que de progrès. Nous ne sommes arrivés à rétablir la paix qu'en prenant comme criterium unique — celui-là du moins incontestable — le poids des légumes, et en décernant nos prix balance en main !

M. Beulens, fondateur de la Société de Tempérance de Montataire, qui ne voit pas de meilleur moyen de lutter contre l'alcoolisme que de développer dans ses Membres le goût du jardinage, se plaint de l'extrême difficulté que l'Œuvre éprouve à se procurer des terrains. Elle a pu distribuer 180 jardins, mais 230 familles en demandent.

La visite de M. l'abbé Lemire à Montataire est sollicitée, et promise, comme un encouragement à ces braves gens.

M. l'abbé Hibon, professeur au Collège de Boulogne, qui a consacré ses moments de loisir à l'élevage des abeilles, voudrait faire profiter les ouvriers jardiniers de son expérience. En dépit des préjugés courants, rien n'est plus simple, plus intéressant, plus avantageux que cet élevage. Tout jardin ouvrier devrait avoir son rûcher : un mètre de terrain suffit à son installation. M. Hibon préconise en particulier une ingénieuse adaptation de la rûche Layens, qui la rend aisément transportable, si simple et si pratique qu'un enfant peut la manier et que les piqûres tant redoutées deviennent infiniment rares.

Et nulle part plus que dans le jardin de l'ouvrier, ajoute-t-il, la rûche n'est à sa place : l'abeille n'est-elle pas le type de « la plus grande famille »? et en même temps le type d'une sage économie qui tend à capitaliser? L'organisation de la rûche n'est pas démocratique, il est vrai : c'est le règne de l'autorité absolue, mais douce et silencieuse. Point de troublants syndicats, aucune sorte de grève, pas question de la loi de huit heures! Aussi la crise de la production est-elle chose inconnue. — La rûche au jardin apporte donc un bénéfice certain, et plus d'un bon exemple à récolter avec le miel.

M. Sevalle insiste à son tour sur les avantages de la rûche au jardin. Mais il conseille plutôt, pour débuter, la simple rûche à calotte, moins coûteuse. Le produit des premières récoltes permettra vite d'acheter la rûche à cadre, plus perfectionnée. — Quant au danger des piqûres, M. Sevalle se contente de rappeler qu'il fait depuis trente ans un cours d'Apiculture au Luxembourg : voit-on jamais un accident dans ce jardin plein d'enfants? Pourvu qu'on ne la tourmente pas, très vite l'abeille se domestique et s'habitue au voisinage des humains.

M. Bonnaire (de Beauvais). — Nous en sommes si bien persuadés que nous préparons aux Jardins ouvriers de Beauvais un rûcher collectif.

M. l'Abbé Lemire. — Je tiens à saluer au passage dans la personne de M. Bonnaire, collaborateur de M. Leborgne à Beauvais, la belle œuvre réalisée dans l'Oise grâce à de persévérants et intelligents dévouements, par l'union de la Société d'Horticulture de Beauvais et de la Société des Agriculteurs de l'Oise, puissamment aidées par l'Office Agricole Départemental.

Dans l'Oise comme dans la Seine, nous avons pu apprécier déjà par une heureuse expérience l'important concours que les Offices Agricoles peuvent apporter à l'Œuvre des Jardins ouvriers.

M. Queuille, très heureux de cette constatation, réitère l'assurance que le ministre de l'Agriculture aura soin de donner les indications nécessaires pour qu'un tel concours de la part des Offices Agricoles se généralise en faveur de la Ligue du Coin de Terre et des Jardins ouvriers. Lui-même, très intéressé par les travaux et les vœux du Congrès, sera heureux de pouvoir témoigner une sympathie efficace aux œuvres de M. Lemire.

M. l'abbé Lemire remercie M. le Ministre de sa présidence, qu'il a faite si cordiale, et de la collaboration si précieuse qu'il a promise.

La séance est levée à 11 h. et demie.

CINQUIÈME SÉANCE

Dimanche 7 novembre, à 3 heures.

SÉANCE DE CLOTURE

PRÉSIDENCE DE M. RAYMOND POINCARÉ,
Sénateur de la Meuse,
ANCIEN PRÉSIDENT DE LA RÉPUBLIQUE

La grande salle du Musée Social est comble. A trois heures, avec une exactitude militaire, M. Poincaré fait son entrée, salué par les applaudissements, et prend la présidence.

M. l'abbé Lemire le remercie en ces termes :

Avant toutes choses, permettez-moi, Monsieur le Président, de vous dire la reconnaissance que nous inspire à tous la démarche que vous voulez bien faire aujourd'hui en venant présider la séance de clôture de notre Congrès.

Ce qui vous amène ici, je le sais bien, c'est d'abord le souvenir, resté dans votre cœur, d'une visite faite jadis à nos Jardins d'Ivry, le souvenir de l'accueil de nos ouvriers, des fleurs de nos petits enfants.

Peut-être vous êtes-vous rappelé aussi les visites que vous nous faisiez dans vos allées et venues au front pendant les années de guerre, alors que vous veniez dans mon Hôtel de Ville d'Hazebrouck nous apporter des paroles qui étaient toujours, même aux heures les plus terribles, des paroles de salut et d'espoir, au nom de la France dont vous portiez en vous les destinées.

Mais surtout vous êtes ici, Monsieur le Président, parce que vous avez au cœur l'ardent amour de cette vieille terre de France, au service de laquelle vous avez occupé, à l'admiration de tous, pendant les dures années de guerre, le poste éminent où la confiance du pays vous avait placé.

C'est pour cette terre de France, en effet, que nous travaillons ici. C'est pour en assurer la jouissance aux plus humbles parmi ceux qui l'ont défendue, c'est pour en accroître l'amour dans les familles qui s'y épanouissent, que nous multiplions nos œuvres et que nous avons organisé ce Congrès, — dont M. R. Georges-Picot, notre Secrétaire Général, va, si vous le permettez, résumer devant vous les travaux.

La parole est à M. R. Georges-Picot, secrétaire général de la Ligue du Coin de Terre et du Foyer, pour son rapport d'ensemble sur les travaux du Congrès.

Rapport de M. Robert Georges-Picot.

Monsieur le Président,

Mesdames et Messieurs,

Une seule personne semblait qualifiée pour résumer les travaux de ce Congrès, celui qui en a été la tête et le cœur, celui qui, pour la première fois candidat à Hazebrouck, il y a vingt-sept ans, écrivait dans sa proclamation : « Ce que je veux, c'est, pour tout ouvrier, que le coin de terre qu'il pourra acquérir par son travail soit insaisissable, exempt d'impôts et de droits de succession. » Vingt-sept ans ont passé, et le député est resté fidèle à la profession de foi du candidat. Resté l'âme du mouvement terrien, il a présidé tour à tour nos Congrès de 1903, de 1906, de 1909, de 1912 : n'était-ce pas à lui que revenait l'honneur de résumer les travaux de notre cinquième Congrès ?

Tout lui a été dit, mais nous nous sommes heurtés à un ordre formel, et comme pendant cinq ans de guerre j'ai pris l'habitude d'obéir à un ordre de mon général, aujourd'hui encore j'obéis, bien qu'à dire vrai le général ait un peu changé d'uniforme !

*
* *

La première pensée du Congrès devait aller à nos morts, à ceux qui dans notre petit coin de terre ont appris à aimer de toute leur âme la grande terre de France. En cette première séance, notre pensée première fut donc une pensée de piété, je devrais dire une prière pour nos morts.

Puis il convenait de passer la revue de nos œuvres : après la grande tourmente comme au soir de la bataille, on fait l'appel des survivants.

Nos craintes étaient bien vives. Le dernier congrès de 1912 avait montré nos œuvres des Flandres, d'Artois, de Picardie, de Champagne en plein développement. Au milieu de la ruine de ces régions dévastées qu'étaient-elles devenues ?

Cet appel pourtant nous réservait une surprise : au lieu de 17.825 en 1912, nos jardins s'élèvent aujourd'hui à 47.375. Ils couvrent 1.266 hectares et accueillent environ 240.000 personnes.

Si beaucoup de petits groupes ont disparu, le beau rapport de M. Charles Droulers à montré le progrès de la plupart de nos grandes œuvres :

Lille, passant de 720 à 1.027,
Tourcoing, de 399 à 780,
Beauvais, de 853 à 1.200,
Saint-Etienne, de 850 à 2.266,
Lyon, de 972 à 2.688,
Le Havre, de 420 à 1.300,
Paris, de 983 à 7.712.

Enfin, il était une grande ville de France qui ne figurait pas dans nos statistiques. De sa place restée vide nous parlions peu, mais nous y pensions toujours. Pour la première fois la voici venue à notre fête de famille. Strasbourg vient à nous les bras chargés de fruits. Elle nous montre avec orgueil la ceinture de ses 2.700 jardins ouvriers, couvrant cent huit hectares et contribuant à nourrir quinze mille habitants. J'aime à saluer la capitale de l'Alsace, qui en 1913 ne comptait encore aucun jardin ouvrier, et qui d'un bond se place après Paris en tête de nos statistiques.

Cet appel de nos survivants devait éveiller aussi de douloureux souvenirs. Parmi nos œuvres d'hier, que de disparues! Chauny, Saint-Gobain, Reims, Soissons, Lens. Lens! où la Compagnie des Mines, sous l'impulsion de son directeur, M. Reumaux, venait en 1914 de consacrer son quarante-deuxième million à ses maisons à bon marché, jardins ouvriers, écoles ménagères, et où tout a péri sous la rage de l'envahisseur! Devant tant de ruines, comment réprimer un mouvement de regret, presque de désespoir?

Mais cet acte d'abandon, l'homme de bien que je viens de nommer, M. Reumaux, ne me le pardonnerait pas. Je me souviens que l'an dernier, à la messe de Requiem dite pour les jardiniers tombés à l'ennemi, ce grand vieillard avait voulu assister en personne, et comme je lui rappelais les œuvres sociales de Lens, au développement desquelles il avait consacré une si grande part de sa vie : « Tout cela sera restauré, » me dit-il, et avec cette belle confiance des hommes d'action, il ajoutait simplement : « Sans doute je ne le verrai pas, mais croyez-le, notre expérience aura servi, et l'on fera beaucoup mieux. »

Cette leçon d'énergie et de confiance en l'avenir, Mgr Julien devait la dégager ici. Il semblait que ce prélat venu des régions ravagées de l'Artois eût le droit d'exhaler sa plainte. Quelle ne fut pas notre surprise de l'entendre nous rappeler finement « que Jérémie lui-même ne se lamentait pas toujours » et de voir que c'était d'Arras en ruines que nous venait le réconfort !

***

Avec notre seconde réunion commençaient nos séances de travail. La première question soumise au congrès devait être celle qui, à Paris et dans les grands centres, est au premier plan de nos préoccupations : la décongestion des villes.

De jour en jour nos jardins de Paris, de Lyon, de Rouen, du Hâvre, sont expulsés du centre. L'ouvrier qui veut jouir d'un jardin doit se résoudre à le chercher en banlieue, à six à huit kilomètres de son travail. Comment le père s'y rendra-t-il chaque jour ? Comment la famille émigrera-t-elle au jardin le dimanche ? Question vitale, car si l'accès du jardin est coûteux ou malaisé, si l'ouvrier ne le visite qu'à de rares intervalles, le jardin, simple champ de légumes, n'est plus le coin de terre rêvé où la famille aime à se réunir, et où chacun, après la semaine de rude labeur, puise le repos et le réconfort.

Pour présider à la discussion de ce grave problème, nous avions heureusement deux grands cheminots : un technicien, M. Georges Noblemaire, comme président, et M. Duval-Arnould, comme rapporteur.

Avec eux nous avons pu étudier de près la question des transports. Après avoir constaté que les transports urbains pouvaient difficilement abaisser leurs tarifs au niveau de la bourse de nos familles ouvrières, le congrès a estimé qu'il appartenait aux grandes compagnies de chemins de fer surtout de nous apporter un utile concours, et il a émis quatre vœux ayant pour but : le premier et le second, d'adapter les abonnements ouvriers aux nécessités de notre œuvre ; le troisième, d'assimiler les employés aux ouvriers pour l'obtention de ces abonnements ; le quatrième, de faciliter à l'ouvrier jardinier l'enregistrement de sa bicyclette[1].

Pourquoi le nier ? L'avenir des jardins ouvriers dans les grandes villes nous préoccupe. Nous voyons le péril grandissant : le divorce entre l'atelier et le jardin. L'ouvrier retenu à Paris par l'atelier, et le jardin rejeté à douze kilomètres : « C'est un vrai défi !» dit-on souvent. « Le jardin ouvrier devient chaque jour plus impossible dans les grands centres ». Le défi, nous l'acceptons, et nous nous refusons à désespérer de notre œuvre. Hier encore soldat, aujourd'hui ouvrier, le Français sait par expérience que tout s'obtient par la ténacité de l'effort. Le jardin de l'avenir demandera plus d'effort à l'ouvrier ; est-ce à dire qu'il le rebutera ?

Après ce qu'elle a vu depuis six ans, notre génération n'est plus de celles qui désespèrent. Elle sait qu'on peut tout attendre d'une race comme la nôtre. On a pu admirer nos camarades, leur vaillance au feu, leur entrain à l'assaut. Ce qu'on n'a pas assez admiré, c'est leur confiance, leur foi dans les destinées de la France, qui pas un instant ne s'est démentie durant cinq ans.

Je me souviens d'une matinée d'hiver en 1916. C'était en Lorraine, non loin d'un coin de terre qui vous

---

1. Voir p. 163 les vœux émis par le Congrès.

est particulièrement cher, Monsieur le Président. Ma compagnie tenait en Woëvre le secteur des étangs, Vargevaux, Rambucourt. Je faisais ma ronde habituelle dans la tranchée, écoutant le canon de Verdun et suivant du regard le cours sinueux du Rupt de Mad qui disparaît dans la direction de Metz. J'atteins ainsi un de mes postes de mitrailleuses, au bord de la rivière. Couché dans la boue, au milieu des roseaux, le guetteur paraît rêver, et comme d'un mot je l'interroge : « Je songe, me dit-il, au jour heureux où nous *entrerons* dans Metz! » Ainsi depuis deux ans ce rude gas de Vendée m'avait suivi dans la boue des tranchées d'Artois, dans les plaines de la Somme, sur les plateaux des Vosges. Après deux ans de luttes, il voyait la paix toujours aussi éloignée. Aujourd'hui même il entendait le canon de Verdun lui rappelant la ruée allemande; il entendait les rumeurs douloureuses qui nous venaient de l'intérieur, « la paix blanche », comme on disait alors. Et lui, pas un jour, n'avait douté.

A de tels hommes, nous pouvons demander un effort. Nos jardins futurs, dussent-ils être en banlieue, compteront des amateurs, et la peine prise pour s'y rendre en accroîtra le prix.

**

Comment désespérer aujourd'hui de notre œuvre : n'est-elle pas plus nécessaire que jamais?

Nos deux dernières séances en font foi.

L'ordre du jour d'hier soir nous proposait l'étude de la question la plus actuelle : la Journée de huit heures et les Jardins ouvriers. Tous les rapports reçus nous montraient depuis la loi nos diverses sociétés débordées sous le flot des demandes. « Je reçois dix demandes pour un jardin », nous dit un rapporteur. « Depuis la loi de huit heures, nous dit un autre, le difficile n'est pas de trouver des amateurs, mais de faire un choix entre tous les candidats ». C'est qu'il faut bien le dire, l'ouvrier ne désire pas le cabaret. S'il s'y rend, c'est le plus souvent à contre-cœur. Avez-vous songé parfois au retour de l'ouvrier après huit heures d'usine ? Le voici qui rentre fatigué dans une pièce surchauffée, où les enfants se querellent, où la mère épuisée de son dur labeur est bien excusable de montrer parfois un peu d'impatience. Et ce père qui a besoin de calme, de repos, est-il si coupable d'aller demander au cabaret le coin où, pour cinq sous, il pourra lire son journal tranquille ? Notre rapporteur, M. Dupont, écrit avec le bel optimisme des hommes d'action : « L'homme ne demande qu'à se bien conduire. Il veut occuper sainement ses loisirs. A nous de lui en procurer le moyen ». Belle parole qui montre notre œuvre comme le complément indispensable de la loi de huit heures.

Nul n'était plus qualifié que M. Dupont pour faire apparaître l'influence de la loi de huit heures sur le Jardin ouvrier. Chef d'une industrie qui applique depuis vingt ans au Havre la journée ainsi réduite il nous apportait les résultats de son expérience.

M. Dupont a présidé au lotissement de cinquante-sept hectares destinés à des habitations ouvrières et attribués provisoirement comme jardins aux ouvriers des Docks. Il indique les premiers effets du travail de huit heures : désir d'avoir un coin de terre; séjour plus prolongé au jardin ; culture transformée; le jardin cultivé avec amour au point qu'un jardin de trois cents mètres arrive à produire neuf cents francs. Enfin il signale à ses auditeurs, ici un peu sceptiques, l'influence du jardin sur la natalité : le rapport des naissances aux décès, parmi les bénéficiaires, qui était en 1911 de 66 p. 100, est passé en 1912 à 110 p. 100 et en

1920 à 186 p. 100. Les œuvres du Coin de Terre et du Foyer peuvent-elles réellement se flatter d'effets aussi merveilleux ? Nous voudrions pouvoir l'affirmer.

****

Pour être tout-à-fait d'actualité, le Congrès se devait de traiter de « La Vie chère ». Aussi l'ordre du jour de notre quatrième séance portait-il : « Les Jardins ouvriers et la vie chère » ou plus justement « les Jardins ouvriers contre la vie chère ». Le Comité avait voulu que le Congrès prît fin devant une table bien garnie de fleurs, de légumes et de fruits. Le rapporteur, M. Dumur, avec la compétence d'un homme du métier, a mis en lumière tout le profit qu'un ouvrier habile sait retirer de son jardin, et non seulement du jardin mais encore du clapier, le lapin risquant de remplacer bientôt pour le jardinier la poule au pot historique.

Les rapporteurs indiquent comme produit du jardin deux francs cinquante par mètre carré de culture dans la région parisienne et jusqu'à trois francs à Strasbourg.

Un produit moyen de deux francs par mètre carré, soit quatre cents francs par jardin donnerait dix-huit millions de francs pour l'ensemble des jardins ouvriers de France !

Et pour être complet ne faudrait-il pas ajouter à ce total tous les produits extraordinaires du jardin et au premier rang, suivant le mot d'une ouvrière de Reims, « tous les petits verres que son mari n'a pas bus ! » Par ce temps de « vie chère », la hausse du « petit verre » a dépassé toute idée. Quelle économie pour qui le raye de son budget !

****

Ces quelques jours du Congrès auront eu le mérite

de montrer à tous nos œuvres en plein progrès. En feuilletant tous les rapports de nos amis, j'étais frappé des aspects multiples que revêt le jardin. Ici il apparaît sous la forme du « jardin d'enfants » et apprend aux tout petits à aimer déjà la terre de France. Ailleurs il se montre sous la forme poétique de la « dot terrienne »; plus loin sous la forme du « jardin des réformés » apportant un touchant réconfort à ceux qui ont tout donné pour défendre cette terre et la conserver libre. Enfin, une fois de plus au cours de ce Congrès, le jardin ouvrier apparaît comme un symbole d'union sociale.

La séance d'inauguration était présidée par Mgr Julien, entouré du général Lebas et de M. Mesureur. Notre séance de clôture est présidée aujourd'hui par le grand Lorrain qui, après avoir lancé au pays le mot d'ordre d' « union sacrée », a personnifié cette union pendant quatre ans. Souhaitons que ce mot d'ordre reste le nôtre aujourd'hui: « tous unis pour assurer un coin de terre à la famille ouvrière ».

Mme Reboux demande à exprimer avant la clôture du Congrès, la reconnaissance des habitants des régions envahies pour l'Œuvre des Jardins ouvriers, dont les bienfaits furent particulièrement précieux durant l'occupation ennemie.

« Je voudrais apporter ici au fondateur des Jardins ouvriers le merci des pauvres gens de nos pays envahis.

Pendant les tristesses de l'occupation, ils ont apprécié combien il était doux de retrouver le petit jardin qui seul échappait à l'avidité allemande, de s'attacher plus fort que jamais à ce coin de terre qui nourrissait la famille, et de prouver aux Boches par le soin qu'on mettait à le cultiver tout l'amour, le grand amour qu'on gardait au cœur pour la terre de France. Penchés sur leurs jardins, ces pauvres gens faisaient mieux crédit à la Providence : travailler la terre, n'est-ce pas apprendre à faire crédit à l'avenir? Et fonder une famille, n'est-ce pas aussi croire en l'avenir?

Soyez donc béni, vous qui avez créé ces jardins.

Dans ces années d'épreuve, vous avez assuré aux ouvriers, par la culture du sol bien-aimé, non-seulement le pain de leurs enfants, mais l'espoir en l'avenir : votre OEuvre a été le meilleur artisan de notre courage, de notre patience sous le joug, de notre indéfectible confiance en la victoire ! »

Mme Changeux, fondatrice des Jardins ouvriers de Reims, vent rendre hommage aux jardiniers de la zone du front qui ont travaillé sous les obus avec un tranquille héroïsme, et qui apportent aujourd'hui ce même courage à reconstituer leur coin de terre. Avec une émotion discrète et pénétrante, Mme Changeux évoque en particulier ce qu'elle a vu à Reims :

« Nos jardins de Bétheny ont été traversés par les tranchées et couverts de fils de fer barbelés. L'an dernier ils étaient inaccessibles. Cette année les obus ont été relevés, et nous espérons pouvoir les faire revivre.

Trois autres groupes ont été éprouvés, mais non détruits.

Quand un obus tombait à un endroit, on s'empressait à combler le trou, et le lendemain on travaillait sur cette terre étrangement labourée.

Le délégué nommé par les ouvriers correspondait avec la Présidente et lui demandait ses directions, mais il administrait en réalité lui-même. Comme les vides se multipliaient, on mit en commun les terrains abandonnés pour cultiver des pommes de terre ; culture et partage furent réalisés dans une union parfaite, au prorata du nombre des enfants.

Puis vint l'heure plus cruelle de l'évacuation forcée. Il fallut abandonner ces murs où l'on s'était cramponné trois ans, abandonner aussi le petit jardin...

Mais dès qu'on put revenir — vers février 1919 — on revint.

Au début de mai je rentrai à Reims : quelques heures plus tard une députation des jardiniers m'apportait un bouquet de leurs fleurs dans ma maison en ruines. Je visitai les jardins : 23 sur 26 étaient parfaitement cultivés.

Aujourd'hui nos groupes vivent, mais leur situation est précaire. Nous manquons de terrain. Nous espérons en obtenir et donner à notre OEuvre une vie nouvelle, grâce aux jeunes dévouements qui nous entourent et qui nous continueront.

J'ajoute un mot qui ne concerne plus seulement nos jardins, mais toute la campagne qui les environne, et qui intéresse bien à tout le moins la Ligue du Coin de Terre.

Je voudrais que tous les Français puissent voir cette admirable ardeur du paysan rentré sur sa terre, dans sa maison en ruines, et, dans un pays totalement détruit, ce récoltes magnifiques, telles que je les voyais dernièrement, s'étendant aussi loin que s'étend la vue.

Partout la main de l'homme. Mais cet homme, où est-il? où habite-t-il?... on ne voit que des ruines.

C'est dans ces ruines que nos paysans ont fait leur abri. Et quand on les interroge, ils ne parlent pas même d'eux, ils n'y songent pas : ils cultivent leur terre.

A la Ligue du Coin de Terre et du Foyer, j'ai voulu parler d'eux, souhaitant que si fidèles à leur *coin de terre*, ces pauvres gens soient aidés à retrouver un *foyer*, que tous les foyers soient aidés à se relever, dans ces pays si vaillants et si français ».

M. BURGUBURU veut renouveler avant la clôture du Congrès l'expression de sa reconnaissance pour l'accueil chaleureux fait aux représentants des Jardins de Strasbourg, et pour les ovations portées à la terre d'Alsace. « Heureux de tout ce que nous avons appris au Congrès, et en particulier du projet d'organisation future à l'image de celle de la Belgique, nous sommes tout prêts, ajoute-t-il, à collaborer à la constitution du groupe régional d'Alsace, pour le meilleur développement de nos OEuvres. Et nous vous disons : Au revoir un jour à Strasbourg pour un Congrès des Jardins ouvriers! ».

Après ces diverses interventions, évocations émouvantes des épreuves et des joies des années écoulées, M. l'abbé Lemire prend la parole.

Allocution de M. l'abbé Lemire.

Notre ami M. Robert Georges-Picot décrivait tout-à-l'heure l'ensemble des travaux de ce cinquième Congrès des Jardins ouvriers. Il en faisait un résumé où il rappelait ce qui a été exposé, proposé et voté ici.

Avant de clore nos séances, je voudrais saluer devant vous, Monsieur le Président, ceux qui ont émis les idées et ceux qui ont réalisé les œuvres. Car c'est la vivante union du cœur qui aime et du bras qui travaille qui a suscité sur notre terre de France la floraison de nos Jardins.

Je remercie d'abord les représentants de nos œuvres parisiennes, nombreux devant moi. Ils en ont tressé autour de la capitale une riche couronne.

Je remercie les délégués venus de toutes nos provinces :

Délégués du Nord et de l'Est, de toutes ces régions meurtries où, grâce à d'héroïques efforts, le jardin surgit au milieu des ruines.

Délégués de Normandie, où sur des coins de terre privilégiés, les maisons fleurissent nombreuses, à la joie de l'ouvrier devenu propriétaire.

Délégués du Midi, qui nous est fidèle, et d'où nous vient la touchante demande d'un Congrès régional à Marseille.

Délégués du Centre, où les jardins se multiplient, couronnés à Saint-Etienne par le plus bel ensemble d'œuvres sociales.

Enfin, pour la première fois, délégués de Strasbourg, qui nous apportent avec le magnifique bouquet de leurs 2.700 jardins, la joie de pouvoir saluer ici la France tout entière!

Dans toute la France, en effet, nous trouvons l'ouvrier prêt à tous les efforts, à tous les sacrifices pour ce petit coin de terre qui est son rêve, et nous saluons les dévouments prêts à se dépenser pour le lui donner :

Dévouement de tous les hommes de cœur, que rien n'arrête quand ils veulent le bien, hommes de cœur et femmes de cœur, car nous pouvons compter sur l'énergique bonté des uns et sur la tendresse délicate des autres; ils ont assuré notre passé, ils nous garantissent l'avenir.

Dévouement des patrons, des directeurs des grandes

Sociétés ou des grandes Compagnies qui sont à la tête des entreprises nationales. L'heure est venue pour les industriels, pour les commerçants, pour les agriculteurs de notre pays, de marcher hardiment dans la voie des grandes initiatives, et nous avons cet espoir qu'en les développant sur le sol de France, ils auront à cœur de ménager, à côté de leurs usines ou de leurs exploitations, un coin de terre pour leurs ouvriers. Car l'expérience nous a prouvé que l'on peut compter sur ceux qui font les choses en grand pour songer au sort des petits. C'est par l'union de l'intérêt et de la vertu qu'on résout la question sociale.

Nous savons aussi que nous pouvons compter sur la bonne volonté des ouvriers, de tous les ouvriers. Nous n'avons peur d'aucun, ni des révolutionnaires les plus audacieux, ni des syndicalistes les plus passionnés. Nous nous adressons à tous, qu'ils soient des plus durs ou des plus fins métiers, travailleurs de l'usine ou de la mine, employés ou facteurs, sergents de ville ou plantons de la Chambre ou du Sénat. Tous, nous le savons, aspirent au coin de terre familial, et tous sont prêts à s'imposer généreusement, en dehors du travail obligatoire, le travail libre, le travail aimé du jardin. Ils sont notre joie, l'orgueil de notre œuvre. Ils en feront la popularité au sein de la démocratie française.

Je veux remercier aussi les personnalités éminentes qui ont pris part à ce Congrès.

Tout d'abord nos Présidents de séances : après l'évêque d'Arras, qui a laissé une traînée d'idéal derrière sa soutane violette, M. Noblemaire et M. Duval-Arnould, M. Isaac et M. Queuille, qui sont venus ici l'un après l'autre non-seulement nous apporter leur sympathie, mais nous promettre une bienveillance efficace, une véritable colloboration.

Je remercie nos rapporteurs : M. Droulers, qui a mis au service de nos œuvres la délicatesse de son cœur et la finesse de sa plume, M. Dupont, qui donne au Havre un magnifique exemple, imitable pour les grands industriels si ce n'est pour nous, et qui par là s'est acquis un droit spécial à la reconnaissance de la Ligue du Coin de Terre ; M. Dumur, qui apporte à nos Jardins la sympathie des Maraîchers Parisiens, et dont l'excellent rapport, rédigé avec la compétence d'un spécialiste, montre que ce syndicat de professionnels, loin d'être jaloux de nos jardiniers, se plaît à encourager leurs efforts ; M. Robert Georges-Picot, qui vient, en résumant dans un raccourci d'un puissant relief les préoccupations dominantes et les résolutions maîtresses de notre Congrès, de prouver une fois de plus son profond amour pour nos œuvres et son exceptionnelle compétence.

Je remercie enfin nos fidèles amis de Belgique et d'Italie qui ont eu à cœur, bien que ce Congrès ne fût pas international, de venir prendre part à nos travaux : M. Severi qui traça dans la vieille Italie les premiers jardins ouvriers, et dont la Revue fait écho sur les rives du Tibre à notre Bulletin parisien ; M. Goemaere, secrétaire général de la Ligue du Coin de Terre belge, sœur de la nôtre, dont nous avons applaudi ici même les admirables initiatives et les magnifiques résultats.

Et je ne veux point conclure sans remercier la presse, la presse de toutes nuances, qui continue autour de nous, dans le commun amour de la terre de France, l'union sacrée du temps de guerre. La presse est, dit-on, la reine de l'opinion, et l'opinion mène le monde... Si donc elle est avec nous, nos œuvres pénétreront dans la tête des gens, et par la tête dans le cœur : du cœur, elles passeront dans les actes !

Et maintenant, pour tout couronner, pour nous rappeler que notre œuvre, soucieuse des intérêts de l'ou-

vrier et de la famille, s'inspire en même temps des intérêts plus hauts de la Patrie, nous attendons une parole
de vous, Monsieur le Président, de vous, chef de l'Etat
qui la représentiez durant les années de guerre, qui
soutenant le poids des émotions les plus lourdes qui
puissent peser sur un cœur d'homme, portant tous les
secrets, gardiez toutes les espérances, et qui avez eu
la joie suprême de voir ces dures années de votre sep-
tennat s'achever dans le plus beau coucher de soleil
que puisse rêver un homme d'Etat, le coucher de soleil
radieux de la Victoire.

Que cette parole consacre nos efforts ; qu'elle nous
dise qu'en travaillant pour l'ouvrier et pour la famille,
nous travaillons pour la France : à la veille des fêtes
qui vont célébrer le cinquantenaire de la République
et l'anniversaire de l'Armistice, elle sera dans notre
humble sphère une joie de plus au milieu des joies communes de la Patrie.

Discours de M. Raymond Poincaré.

Quoiqu'en dise trop aimablement M. l'abbé LEMIRE,
je n'ai d'autre titre à présider cette séance que la gra-
cieuse insistance qu'il a mise à me le demander. Mais
j'imite notre rapporteur ; je l'imite en ce sens que depuis très longtemps j'ai renoncé à lutter contre M. l'abbé
LEMIRE, je lui ai rendu les armes, et moi aussi, mon cher
M. GEORGES-PICOT, lorsqu'il commande, j'obéis.

Comment résister à cet apôtre qui joint la force de la
douceur à la force de l'opiniâtreté, et qui, pour mieux
convaincre les assistants, leur montre au besoin le chemin du Ciel?

Pendant la guerre, M. l'abbé LEMIRE m'a enjoint d'aller

à Hazebrouck voir un certain nombre de ses œuvres : j'y suis naturellement allé tout de suite.

Après l'armistice, M. l'abbé LEMIRE m'a prescrit de revenir à Hazebrouck pour y partager la joie des habitants : j'y suis immédiatement retourné. Et du reste, j'ai les deux fois constaté que la population était aussi docile que moi-même envers son Maire, car elle le considère comme le bienfaiteur universel.

Mais M. l'abbé LEMIRE n'a pas attendu la guerre pour me faire les honneurs des jardins ouvriers, comme il le rappelait lui-même tout-à-l'heure.

En 1913, je visitais dans la ville d'Ivry l'hospice des Incurables, lorsque tout-à-coup, je sentis une soutane familière qui me tirait par la manche et qui m'entraînait doucement vers des terrains domaniaux divisés en petits enclos, et j'ai gardé fidèlement dans ma mémoire la vision d'une multitude de braves gens qui se rappellent évidemment comme moi la fierté avec laquelle ils montraient alors au Président de la République la grâce de leurs roses et la prospérité de leurs légumes.

Je ne sais pourquoi, ce jour-là, j'ai fait une comparaison, dont je reconnais du reste aujourd'hui l'inexactitude, entre M. l'abbé LEMIRE et le bon abbé DELILLE, qui autrefois faisait les délices de nos arrière grands-parents. Mais l'abbé DELILLE n'était guère abbé que de nom ; et il se contentait de consacrer ses talents à mettre les jardins en vers. Il leur dédiait un long poème, où il s'occupait surtout de l'ornementation, de l'aspect décoratif et des perspectives.

M. l'abbé LEMIRE, lui, ne met pas les jardins en vers, il les met en des milliers de réalités vivantes, et c'est peut-être là le meilleur moyen d'écrire un poème digne de passer à la postérité. Poème de paix et de travail, poème de dignité morale et de bonheur domestique, telle est l'Œuvre des Jardins ouvriers.

Aussi bien l'Etat, les Départements, les Communes, les Compagnies de chemins de fer, les Syndicats, toutes les collectivités qui possèdent des terrains vagues, des landes, des friches, des glacis, se sont-elles empressées d'en donner la jouissance provisoire, précaire, à des familles qui peuvent y cultiver à leur aise, et c'est ainsi que nous avons en France ce nombre vraiment très respectable de jardins ouvriers : quarante mille !

Magnifique commencement ! Mais ce n'est, mon cher Abbé, qu'un commencement. Et il faut que les communes s'habituent à utiliser de plus en plus la loi nouvelle qui leur donne le moyen d'acquérir des terrains pour y créer des jardins ouvriers.

Il faut qu'à l'exemple de la Compagnie du Nord, du P. L. M., les autres Compagnies de Chemins de fer se montrent, elles aussi, de plus en plus larges dans l'allocation des terrains où l'on peut établir des jardins, ces emplacements non bâtis qu'elles gardent, par précaution très naturelle, autour de leurs gares, de leurs voies, de leurs garages, de leurs dépôts, ce sol qu'elles conservent inculte en vue de l'avenir, ces talus, ces remblais, quelquefois immenses, où les pommes de terre, les choux, les haricots pousseraient si volontiers !

Puisque, par malheur, la propriété individuelle n'est pas l'apanage de tous les Français, il faut du moins que tous les Français puissent détenir à titre provisoire, à titre de jouissance passagère, un coin de terre où ils se sentent à la fois libres de leur travail et maîtres de leurs produits.

Dans la charmante fable : « L'Ours et l'Amateur de jardins », La Fontaine écrivait :

« Il aimait les jardins, était prêtre de Flore ;
    (Comme l'abbé LEMIRE)
Il l'était de Pomone encore ;
    (Toujours comme l'abbé LEMIRE)

Les deux emplois sont beaux ; mais je voudrais parmi
Quelque doux et discret ami :
Les jardins parlent peu, si ce n'est dans mon livre. »

Les jardins parlent peu ! Comment La Fontaine a-t-il
pu commettre une erreur aussi singulière ? Rien, ni personne, au contraire, ne parle plus que les jardins, et rien
ni personne ne parle mieux !

Les jardins sont les meilleurs conseillers que nous
puissions avoir. Ils nous tiennent toujours le langage
de la sagesse et de la raison : « Travaillez et prenez de
la peine, nous disent-ils, et vous en recueillerez immédiatement pour vous-même le charme et le profit. »

Oui, les jardins sont des amis, ce sont des consolateurs,
ce sont des professeurs de patience et d'énergie.

Je ne l'ai jamais si bien compris que pendant la
guerre, au front, lorsqu'à quelque distance des lignes je
trouvais des soldats qui, entre deux séjours à la tranchée,
se retrempaient dans la joie du jardinage ; ou à Paris,
lorsque je voyais dans les fossés des fortifications des
femmes, trop souvent incertaines du sort de leurs maris,
bêcher la terre pour mieux nourrir leur enfants.

J'ai gardé une sensation plus nette encore et plus sai-
sissante de ce qu'il y a, comme vous le disiez tout-à-
l'heure, mon cher M. GEORGES-PICOT, de symbolique et
d'idéal dans le petit jardin de France.

C'était en 1916, dans une petite ville dont vous venez
de parler, Madame ; c'était à Bétheny, en avant de Reims.
Toutes les maisons étaient démolies ; nos tranchées
serpentaient le long des lisières de la commune ; les caves
étaient transformées en abris, et les chasseurs du 49°
bataillon ne pouvaient paraître à la surface sans attirer le
feu de l'ennemi. Tous les habitants étaient évacués. Je
me trompe, il restait trois vieilles femmes, trois pauvres
ménagères qui faisaient la lessive pour nos diables bleus.

Je demeurai pendant quelques temps avec nos chasseurs, et lorsque je me disposai à repartir et à reprendre le boyau profond qui conduisait de Bétheny à Reims, ces pauvres vieilles femmes, à mon insu, remontèrent dans ce qui leur restait de jardin et cueillirent à mon intention les roses qu'avaient épargnées les bombes et les crapouillots.

Elles voulaient évidemment me donner ce qu'elles aimaient le mieux, et ce qu'elles aimaient le mieux c'étaient ces pauvres fleurs sauvées du désastre, images de leur foyer détruit et de leur bonheur disparu.

Eh bien! ce sont des sentiments analogues que peut développer le jardin chez l'ouvrier, qui, sorti de l'usine, va chercher au grand air un changement d'occupation, plus reposant peut-être que le repos lui-même.

La loi de huit heures va procurer aux travailleurs des loisirs qui ne peuvent être remplis plus utilement et plus agréablement que par le jardinage; et il est bon que l'ouvrier puisse ainsi respirer l'air pur dans la compagnie des plantes et dans le contact de la nature.

Les travaux de votre Congrès attireront, je n'en doute pas, l'attention des pouvoirs publics, l'attention du pays entier sur cette nécessité.

Les Français ont assez souffert en ces dernières années, ils ont fait d'assez lourds et d'assez douloureux sacrifices dans la défense de leur terre maternelle, pour qu'ils aient tous le droit de recevoir les dons de cette terre, d'en recueillir les produits, d'en connaître la douceur.

Après tout, elle est la substance matérielle de leur Patrie. Je ne dis point qu'elle soit la Patrie tout entière; la Patrie est un tout complexe qui comprend des idées, des traditions, des sentiments; mais tout de même, elle repose sur quelque chose de concret, et ce quelque chose de concret, c'est le corps même de la France, c'est ce sol fertile, ce sont ces paysages variés, ces champs, ces forêts, ces vallées, ces montagnes auxquels nos yeux sont accoutumés.

La figure de la France n'était-elle pas gravement altérée depuis 1870, lorsque nous voyions sur les cartes géographiques la frontière de l'Est mutilée?

Et quand une fidèle Alsacienne, Mlle BERGMANN, vous remettait, longtemps avant la Victoire, longtemps même avant la guerre, cette bannière, cette émouvante bannière qui préside aujourd'hui à notre séance, n'était-ce pas la terre d'Alsace qui se rappelait à la terre de France dont elle avait été brutalement séparée?

Cette terre de France, Mesdames et Messieurs, elle a fourni pendant la guerre des abris et des remparts aux soldats qui défendaient la Patrie. Puisse-t-elle maintenant, dans la paix, demeurer la bonne nourrice des générations nouvelles!

Au milieu des applaudissements qui se prolongent, M. l'abbé Lemire se lève :

« Interprète des sentiments des membres de ce Congrès, dit-il, je prie M. le Président Poincaré d'agréer l'expression de notre reconnaissance à tous pour les paroles si nobles et si encourageantes qu'il a prononcées en l'honneur des Jardins ouvriers.

Qu'il accepte comme un témoignage de notre gratitude la résolution que je renouvelle devant lui et qui est la conclusion de ce Congrès : résolution de nous mettre à l'œuvre immédiatement pour développer dans chacune des régions de notre pays l'action de la Ligue du Coin de Terre, fédération des Jardins ouvriers de France.

Pour cette grande œuvre je fais appel à tous les hommes de cœur.

Le bien qu'ils accompliront sera à votre égard, M. le Président, le meilleur des remerciments. »

VŒUX ÉMIS PAR LE CONGRÈS

PREMIÈRE SÉANCE

**Les Jardins ouvriers pendant la guerre.
Jardins militaires. — Jardins des Pays envahis.**

Le Congrès, constatant les développements pris pendant la guerre par les Jardins militaires, émet le vœu :

« Que les terrains possédés par l'Etat ou les communes et cultivés pendant la guerre comme jardins militaires soient réservés désormais aux jardins ouvriers. »

Le Congrès, constatant qu'au printemps dernier le Ministre de la Guerre a concédé à la Ligue Française du Coin de Terre et du Foyer la jouissance des glacis de sept forts de Paris, qu'en moins de six mois la Ligue a, par l'entremise de la Société des Jardins ouvriers de Paris et banlieue, créé sur ces terrains plus de mille jardins nouveaux, émet le vœu :

« Que partout où l'administration militaire n'use qu'incomplètement ou que temporairement des terrains qu'elle détient, la jouissance en soit concédée à la Ligue Française du Coin de Terre et du Foyer. »

Le Congrès, constatant l'extraordinaire développement et les nombreux bienfaits des jardins distribués dans les pays envahis pendant la guerre, émet le vœu :

« Que partout où il est possible les œuvres créées durant l'occupation ennemie se perpétuent sous forme de Jardins ouvriers. »

DEUXIÈME SÉANCE

Les Jardins ouvriers et la décongestion des Villes.

Le Congrès, constatant que sur certains réseaux de Chemins de fer, les porteurs d'abonnements hebdomadaires à prix réduit sont astreints à prendre les trains du matin et du soir, que l'ouvrier qui se trouve libre à deux ou trois heures se voit ainsi refuser l'accès des trains de l'après-midi pour se rendre à son jardin de banlieue, émet le vœu :

« Que les Compagnies de Transports généralisent les dispositions prises par le P. L. M. et par l'Etat, et que les cartes d'abonnements hebdomadaires donnent accès dans tous les trains omnibus ordinaires. »

Le Congrès, constatant que la famille de l'ouvrier jardinier qui se rend chaque dimanche à son jardin de banlieue doit acquitter le tarif ordinaire des voyageurs, qu'il est dès lors bien difficile à la famille entière de s'y rendre, émet le vœu :

« Que les Compagnies de Transports recherchent les moyens de créer pour la famille ouvrière des abonnements du dimanche, qui permettent la réunion complète de la famille au jardin. »

Le Congrès, considérant qu'il n'y a pas d'écart sensible entre le traitement de la plupart des employés et le salaire des ouvriers et que les charges de famille et la nécessité de déplacements onéreux sont égales pour les uns et les autres, émet le vœu :

« Que les employés soient assimilés aux ouvriers pour l'obtention des cartes d'abonnements au chemin de fer. »

Le Congrès, constatant que le taux de cinquante centimes auquel a été portée la taxe de consigne ou d'enregistrement des bicyclettes devient par sa fréquence très onéreux et vraiment prohibitif pour les ouvriers jardiniers, émet le vœu :

« Que les Compagnies de Transports, s'inspirant du régime en vigueur sur les Chemins de fer d'Alsace-Lorraine, fixent pour les trains de banlieue un tarif spécial qui permette à l'ouvrier de faire voyager sa bicyclette à prix réduit, à condition de la conduire au fourgon et de l'en retirer lui-même. »

Le Congrès, constatant que les Bateaux Parisiens constituaient pour la famille ouvrière, en vue des promenades du dimanche et en particulier du rendez-vous familial au jardin, un moyen de locomotion plus économique et plus hygiénique que tout autre, émet le vœu :

« Que le service des Bateaux Parisiens soit au plus tôt rétabli. »

TROISIÈME SÉANCE

Les Jardins ouvriers et la loi de huit heures.

Le Congrès, constatant que la loi de huit heures entraîne pour l'ouvrier des loisirs qui ne peuvent trouver un emploi plus utile et plus sain que la culture d'un jardin, émet le vœu :

1° « Que les Sociétés commerciales, industrielles et financières considèrent le Jardin ouvrier comme une conséquence nécessaire de l'application de la loi de huit heures, et que partout elles acquièrent les terrains nécessaires pour les mettre à la disposition de leur personnel sous forme de Jardins ouvriers;

2° « Que les Municipalités, les Sociétés Mutuelles et les Sociétés d'Epargne usent largement des droits que leur confère la loi pour acquérir des terrains de banlieue et les mettre à la disposition des travailleurs urbains;

3° « Que les ouvriers eux-mêmes, mis en rapport avec

les Sociétés de Crédit Immobilier, soient encouragés par elles à acquérir un coin de terre, pour y cultiver un jardin, en attendant d'y pouvoir construire une maison ;

4° « Que l'attention des Autorités départementales et municipales et celle des Offices publics départementaux d'Habitations à bon marché soit appelée sur l'importance et la valeur d'ordre social des Jardins ouvriers, afin que la propagande la plus active et la plus soutenue, notamment sous forme d'enquêtes et de statistiques annuellement publiées, soit organisée en vue de promouvoir et d'encourager leur développement. »

Le Congrès, constatant que les Œuvres de Jardins ouvriers manquent des terrains indispensables au développement que l'application de la loi de huit heures leur impose, alors qu'il existe dans la banlieue de nos grandes villes de nombreux emplacements qui restent improductifs en attendant l'heure de la vente, émet le vœu :

« Que la terre laissée inculte soit frappée d'un impôt spécial qui incite le propriétaire à la louer à titre précaire et à y autoriser la création de Jardins ouvriers. »

QUATRIÈME SÉANCE

Les Jardins ouvriers et la Vie chère.

Le Congrès, considérant les services rendus par la réquisition des terres incultes pendant la guerre et l'état d'abandon où retombent aujourd'hui, notamment dans le voisinage des grandes villes, les terrains alors mis en culture par les ouvriers citadins, émet le vœu :

« Que la loi Méline, autorisant les municipalités à réquisitionner les terres incultes pour les mettre en culture, soit remise en vigueur. »

Le Congrès, considérant les services déjà rendus aux Jardins ouvriers par les Offices Agricoles et départementaux, notamment par ceux de la Seine et de l'Oise, émet le vœu :

« Que dans toute la France les Offices Agricoles et les Œuvres de Jardins ouvriers se mettent en communication directe et permanente, dans le but de promouvoir le développement du jardinage dans les classes laborieuses par tous les moyens dont ils disposent. »

SÉANCE DE CLOTURE

Le Congrès, prenant acte de la campagne poursuivie depuis vingt-quatre années par la Ligue Française du Coin de Terre et du Foyer et de la reconnaissance d'utilité publique qui l'a consacrée officiellement et lui donne aujourd'hui les moyens d'intensifier son action, — considérant d'autre part les admirables résultats obtenus en Belgique par la Ligue sœur grâce à son organisation, émet le vœu :

« Que la Ligue française du Coin de Terre et du Foyer entreprenne dans toute la France l'organisation de Comités régionaux spécialement chargés de promouvoir dans chaque région le développement des Jardins ouvriers, et que, centralisant l'action de ces Comités, la soutenant de son autorité et l'appuyant de sa propagande, la Ligue réalise la Fédération des Jardins ouvriers de France. »

NOTES ET RAPPORTS

PRÉSENTÉS AU CONGRÈS

(Extraits).

I

Jardins militaires.

Dans un rapport très intéressant et très documenté, M. Edouard Samin expose la genèse et le développement des Jardins militaires pendant la guerre.

Nous ne pouvons malheureusement en donner ici qu'un résumé trop bref, en exprimant le vœu que la monographie complète de cette création originale et féconde soit un jour publiée dans tous ses détails. Elle mérite de figurer dans les archives de la guerre.

Elle figure déjà dans les archives de la Ligue, grâce à une excellente brochure de M. Louis Rivière, intitulée « Les Jardins ouvriers et le ravitaillement en légumes ». Cette brochure, publiée sous les auspices de la Société française des Habitations à bon marché (Secrétariat, 37, rue de Valois, Paris), expose admirablement l'effort demandé pendant la guerre à la main-d'œuvre civile et à la main-d'œuvre militaire pour organiser par la multiplication des jardins le ravitaillement en légumes.

RAPPORT GÉNÉRAL DE M. SAMIN
SUR LA CRÉATION ET L'ORGANISATION
DES JARDINS POTAGERS MILITAIRES (1916-1918).

La mobilisation ayant appelé tous les hommes valides au service de la patrie, il arriva dans les campagnes que, malgré les efforts souvent admirables des femmes et des vieillards pour remplacer leurs maris et leurs fils au travail de la terre, le rendement des cultures s'abaissa bientôt à un niveau inquiétant au point de vue de l'alimentation du pays.

La guerre sous-marine et les nécessités de transport du matériel de guerre faisant d'autre part l'importation difficile, la nécessité d'accroître à tout prix la production du sol français s'imposa comme un des devoirs impérieux de la défense nationale.

Les pouvoirs publics s'ingénièrent à remplir ce devoir par tous les moyens : sursis et congés agricoles accordés aux soldats, emploi de la main-d'œuvre étrangère, importation d'un important matériel de culture mécanique.

Tout en améliorant la situation, ces diverses mesures ne suffisaient point cependant à faire face aux besoins.

C'est alors que M. Maxime Ducroq, membre du Conseil d'Administration de la Ligue du Coin de Terre et du Foyer, président de l'Œuvre Lilloise des Jardins ouvriers, qui se trouvait mobilisé comme officier d'intendance, préconisa l'idée d'utiliser la main-d'œuvre militaire disponible pour la mise en culture des terres abandonnées.

Dans un rapport en date du 28 mars 1916, il exposait à M. Méline, alors ministre de l'Agriculture, les grandes lignes du projet et le plan qu'il avait conçu pour le réaliser.

Ce plan approuvé, le 28 avril, M. Méline donnait à M. Ducrocq mission de provoquer et d'organiser dans toute l'étendue du territoire, à titre de délégué du Ministère de l'Agriculture, la création de jardins potagers civils et militaires.

Nommé à cet effet chef de service, M. Ducrocq s'adjoignait bientôt le concours dévoué de M. Dewavrin, président du Coin de Terre Tourquennois, et de M. Van de Walle. Plus tard M. l'officier d'administration Jupin, M. le chef de bataillon Denis et M. Edouard Samin furent appelés successivement à compléter ou à continuer ce service.

C'est avec ce personnel restreint que fut réalisée l'œuvre rapide et féconde des Potagers militaires.

*
* *

Tout, cependant, était à faire : — obtenir de l'autorité militaire qu'elle admît le principe et qu'elle en voulût bien faciliter la mise à exécution par des instructions officielles, — persuader les chefs des diverses formations : dépôts, postes de G. V. C., groupements sanitaires, des avantages qui résulteraient pour leurs hommes d'une telle initiative, — trouver les terrains nécessaires, procurer les outils, les plants, les semences, — vaincre enfin les résistances possibles de la timidité, de la routine ou de l'inertie pour obtenir une réalisation pratique immédiate.

L'étendue de la tâche ne découragea pas M. Ducrocq.

A sa demande, le ministre de l'Agriculture obtint bientôt qu'une Circulaire du ministre de la Guerre vint recommander aux autorités militaires d'utiliser les loisirs des hommes au repos à la culture des terres abandonnées, sous forme de potagers militaires, tandis que lui-même faisait appel à l'élément civil : préfets, directeurs des services agricoles, etc., les invitant à associer leurs efforts à ceux des officiers.

En même temps, M. Ducrocq demandait aux grandes Sociétés d'Agriculture et d'Horticulture de France et aux Sociétés d'Habitations à bon marché de prêter leur concours pour la recherche des terrains et la mise en train des cultures.

De toutes parts l'appel fut entendu.

. Dès l'automne de 1916, en dépit de la mise en action tardive au printemps, 5.622 jardins militaires couvraient une surface de 1.872 hectares. Le produit de la récolte était évalué à 13.000.000 de francs. Et partout on se louait des avantages physiques et moraux procurés aux hommes par cet heureux emploi d'heures de convalescence ou d'oisiveté.

*
* *

Ce n'était là pourtant qu'un début.

L'œuvre entreprise rencontrait encore plus d'une objection et se heurtait à plus d'un obstacle.

Pour répondre aux unes et pour triompher des autres de manière à assurer à l'organisation des jardins militaires en 1917 tout le développement qu'elle comportait, M. Ducrocq, dès l'automne de 1916, préconisa et obtint trois ordres d'initiatives.

On objectait le manque de ressources pour les premiers achats de semences et d'outils. — La Ligue du Coin de Terre et du Foyer, grâce à une subvention de 20.000 francs, octroyée par le Ministère de l'Agriculture (subvention qui fut largement renouvelée tant que dura la guerre), s'offrit à fournir à titre d'encouragement plants, semences et outils à toutes les formations militaires qui lui en feraient la demande.

On se retranchait derrière les difficultés de réalisation
pratique. — M. Ducrocq obtint la création d'un corps de
Conférenciers militaires, recrutés parmi les mobilisés que
leur expérience d'avant-guerre mettait en mesure d'éclairer
et de seconder en ces matières les chefs d'unités qui se trouvaient dans l'embarras. Ces Conférenciers, au nombre de 70,
devaient être réunis quelques semaines à Paris pour y être
instruits, au cours de ce stage, des détails de leur mission et
préparés à la remplir avec efficacité et discrétion. Puis ils
devaient se rendre dans les différentes régions qui leur seraient assignées, et là, munis d'une mission émanant directement du général commandant la Région, prendre contact
avec les différents chefs d'unités, se mettre à leur disposition
pour trouver les terrains et organiser la culture. Confier cette
mission de propagande auprès des chefs à de simples hommes
de troupe constituait une expérience qui pouvait sembler
hardie: elle eut plein succès, et partout on demanda que la
durée en fût prorogée.

Enfin, on se heurtait trop souvent encore à l'indifférence
ou à l'inertie. — Pour stimuler les énergies M. Ducrocq pro-
posa d'établir entre les diverses formations des Concours, qui
devaient être de puissants facteurs d'émulation. Là encore, la
Ligue du Coin de Terre et du Foyer s'offrait à intervenir,
prête à organiser ces Concours et à distribuer les récompenses[1].

1. Dans chaque région, les récompenses furent décernées par un Jury de
choix, constitué en faisant appel aux personnalités les plus compétentes, en
particulier aux services Agricoles et aux sociétés d'Horticulture. La distribution de ces récompenses donna lieu à des manifestations intéressantes ; elles
furent à Paris, en décembre 1917 et octobre 1918, particulièrement solennelles
sous le haut patronage du Ministre de l'Agriculture, et des Sous-Secrétaires,
d'État de l'Administration de la Guerre et du Service de Santé militaire, et
sous la présidence de M. l'abbé Lemire.
Le concours apporté par la Ligue au développement des Jardins militaires
ne se borna pas d'ailleurs à ces initiatives d'ensemble. Il s'exerça non moins
efficacement sous forme d'action individuelle de ses membres : sur soixante-
dix conférenciers militaires, vingt furent recrutés parmi eux, et, mobilisés
ou non, dans toutes les régions de France, nos amis eurent à cœur de prêter
à l'autorité militaire le concours de leur expérience et de leur dévouement.
M. Bacquet à Boulogne, M. Verzier à Lyon, M. Aiguier à Marseille, M. de
Salverte à Pau, Mme Dellouc à La Varenne, etc.
Ces initiatives prirent d'ailleurs les formes les plus variées.
C'est ainsi qu'à l'Hôpital Saint-Nicolas d'Issy où il était mobilisé, M. l'abbé
Muller fut l'intermédiaire de nos traditions et de nos initiatives auprès de
M. le Dr Burlureaux, médecin-chef de cette importante formation, qui s'en
inspira aussitôt en invitant ses blessés convalescents à consacrer leurs loisirs
forcés à la culture potagère, exercice modéré et varié, éminemment favorable
au développement de leurs forces renaissantes.

A l'automne de 1917, ces différentes mesures avaient porté leurs fruits : 7.500 hectares étaient cultivés, 6.000 porcs dans les étables, 30.000 lapins et 2.000 poules dans les basses-cours s'ajoutaient au rendement des récoltes. L'expérience avait prouvé qu'une surface de 2 ares par homme assurait l'approvisionnement en légumes d'une unité. Partout l'idée était comprise, l'élan était donné.

Il ne s'agissait plus que de progresser dans la voie désormais largement ouverte. Le service central ne cessa de multiplier à cet effet les Instructions, entrant dans les détails les plus pratiques, insistant tantôt sur l'organisation des semis, tantôt sur l'opportunité d'un plan de culture annuellement établi, sur le relèvement de la prime de travail accordée aux soldats, sur l'utilisation des fumiers, sur la déplantation des pommes de terre, la conservation des récoltes, etc., etc.

Enfin, en novembre 1918, M. Ducrocq rendait compte au Ministre de l'Agriculture des résultats obtenus :

13.000 hectares cultivés ;

14.100 porcs à l'étable ;

114.000 poules et lapins aux basses-cours et clapiers.

*
* *

L'œuvre réalisée en pleine guerre avait atteint son but : appoint appréciable au ravitaillement général du pays, non-seulement elle avait procuré aux diverses formations militaires un bien-être matériel sensible, mais elle avait été pour le soldat une source de santé morale et de joie. Comme le disait le Ministre de l'Agriculture en adressant à M. Ducrocq ses félicitations et ses remerciments, « elle avait suscité des initiatives et propagé des méthodes propres à porter des fruits après la guerre. »

Obligés de nous borner en ce qui concerne les Jardins militaires à cette vue d'ensemble, nous citerons seulement, à titre d'exemple, quelques extraits de deux rapports particuliers qui nous ont été adressés, et qui sont remarquables par l'importance des résultats obtenus et par les vœux d'avenir qui s'en dégagent.

RAPPORT DU CHEF DE BATAILLON BRIER, COMMANDANT LE DÉPOT DU 62ᵉ RÉGIMENT D'INFANTERIE A LORIENT.

L'ensemble des terrains cultivés par les différentes fractions du dépôt au cours de l'année 1918 (terrains situés à Lorient, Hennebont, Belle-Ile-en-Mer, Ile de Groix), représente une superficie de 24 hectares 59 ares 80.

La plupart de ces terrains ont été cédés gratuitement aux unités.

Les bénéfices nets se sont élevés à la somme de 125.349 fr. 95, sur lesquels 94.328 fr. 20 représentent la valeur de la récolte en légumes (bénéfice moyen : 4.813 fr. 15 par hectare) et 31.021 fr. 76 sont dûs aux profits des porcheries et vacheries créées accessoirement grâce aux déchets des cultures.

Les bénéfices réalisés autant que les produits récoltés ont permis de procurer aux militaires de toutes les unités une nourriture abondante et variée et d'y ajouter des distributions de cidre et de vin.

Ces résultats ont été obtenus en utilisant la main-d'œuvre disponible, sans jamais nuire à la bonne exécution du service et à la marche de l'instruction, mais grâce au zèle et au dévouement de tous les militaires et grâce à l'impulsion donnée par les officiers et sous-officiers chargés de diriger ce service.

De l'exposé ci-dessus et de l'examen des résultats financiers obtenus, il est évident qu'il y a intérêt, dans tous les corps, à poursuivre d'une façon intensive l'exploitation de tous les terrains incultes appartenant à l'Etat ou à des particuliers.

Les économies à réaliser peuvent être importantes si le personnel employé à ces travaux est *surveillé et stimulé*.

En outre, les travaux de jardinage constituent une diversion heureuse pour les blessés convalescents, ou les hommes sans emploi dans les dépôts. Il y aura toujours assez de main-d'œuvre militaire inoccupée pour assurer la culture des surfaces exploitées actuellement, même si celles-ci venaient à s'augmenter par prêt gracieux ou par location.

Les sommes employées pour la location des terrains rapporteront toujours largement le capital engagé.

En outre, au point de vue social, et précisément après la mise en application de la journée de huit heures, il y a le plus grand intérêt à développer, même parmi les militaires sous les drapeaux qui n'ont pas la pratique de la terre, le goût du jardinage et de la vie au grand air.

A la suite du Concours organisé par le Commandement pour l'encouragement des Jardins Potagers militaires en 1918, le dépôt du 62e d'Infanterie a été classé 1er parmi les corps d'Infanterie de la XIe Région.

RAPPORT DE M. CLAUDE BRUN, MEMBRE DU JURY DU CONCOURS DES POTAGERS MILITAIRES, SUR LES JARDINS CRÉÉS DANS LA SUBDIVISION DE MARSEILLE.

Grâce à l'entente entre les Autorités militaires et le Service agricole, les potagers militaires furent promptement réalisés dans la subdivision de Marseille.

Dès l'abord un programme fut tracé, des graines et des plants furent distribués à toutes les formations.

Bientôt toutes les unités rivalisèrent d'ardeur et d'entrain. Le service des G. V. C. lui-même, composé au début d'agriculteurs des vieilles classes, créa dans ses postes, disséminés le long des voies, des cultures prospères qui améliorèrent l'ordinaire des hommes. Des officiers, fils et petits-fils d'agriculteurs, se réveillaient agriculteurs eux-mêmes. D'autres, que tout avait éloigné du sol, ne demandèrent pas mieux que de suivre l'exemple de leurs camarades. Tous secondèrent habilement les efforts de leurs hommes. Vieux territoriaux, inaptes de toutes classes, marins des centres d'aviation, rivalisèrent de zèle. Partout même ardeur, même désir de bien faire. Là, c'est une vieille prairie transformée en cultures potagères, ailleurs de vastes surfaces se couvrent de pommes de terre ou de pois chiches; ici, c'est une butte nauséabonde, couverte de détritus innommables qui attiraient les mouches, incommodant les soldats du campement voisin, qui fait place en quelques jours à un potager rempli de promesses.

Plus loin, des terrains incultes par suite du dépôt de scories, de mâchefer, de décombres, judicieusement amendés et fumés, deviennent d'une fertilité merveilleuse et sont bientôt couverts de légumes.

L'élevage des porcs, des lapins et des poules donne des résultats inattendus. Celui même des moutons a été tenté avec succès par la 34e batterie du 10e d'artillerie à l'Escalette ; innovation remarquable, tant par son originalité que par les bénéfices qu'elle a procurés, et cela dans le cadre le plus ingrat. Tout le monde connaît les montagnes pelées de l'Escalette : roches blanches et nues, collines abruptes et stériles où l'on dirait que rien ne peut pousser et vivre. Eh bien, c'est là, que l'élevage a été tenté, — et qu'il a réussi.

La subdivision de Marseille peut être fière des résultats obtenus. En 1917, elle comptait 34 jardins, répandus sur une surface de 52 hectares. En 1918, elle en comptait 65, couvrant plus de 240 hectares ; 586 porcs dans les porcheries, 3.400 lapins, 520 poules dans les basses-cours.

Enfin une pépinière de garnison, créée grâce aux graines offertes par la Ligue du Coin de Terre et du Foyer et par l'Œuvre des Jardins de Famille de Marseille, a livré en quatre mois 500.000 plants aux Unités chez lesquelles les semis n'avaient pas réussi ou n'étaient pas suffisants.

Si les chiffres prouvent la prospérité matérielle d'une œuvre telle que celle-ci, le bienfait moral qui en résulte peut se mesurer aussi, en calculant la somme de bien-être dont les hommes profitent immédiatement et l'influence de cette œuvre sur leur avenir.

Les cultivateurs reviendront à la terre avec joie, heureux d'avoir pu exécuter à l'armée les rudes travaux d'avant-guerre, et d'autres, qui ignoraient l'activité féconde du paysan, auront retrouvé, du fait de cet enseignement pratique, l'amour atavique du sol.

D'ailleurs, les unités diverses, dépôts, G. V. C., formations sanitaires, se félicitent toutes de l'effort accompli.

L'utilité des Jardins, tant au point de vue matériel que moral, est donc suffisamment reconnue : aussi serait-il infiniment désirable que cette œuvre survive à la Guerre, et qu'à la Paix les potagers militaires fissent partie intégrante de toute Unité.

II

Jardins des Pays envahis.

NORD

Avesnes.

Les Jardins ouvriers créés avant la guerre ont tous été maintenus et soigneusement cultivés durant l'occupation ennemie. Deux cents jardins avaient été organisés en outre par la *Municipalité.*

Cambrai.

Les Jardins du *Coin de Terre Ouvrier Cambrésien* ont été cultivés durant l'occupation avec une ténacité remarquable, en dépit de difficultés de toutes sortes. D'autre part, des terrains incultes provenant des fortifications furent mis gratuitement à la disposition des ouvriers par la *Ville.*

Fourmies.

Par les soins de la *Municipalité,* 180 hectares de prairies furent transformés en jardins ouvriers. La culture intensive donna des résultats remarquables, la récolte en pommes de terre atteignit jusqu'à 3 et 400 kilogrammes à l'are, rendement inconnu dans le pays. Grâce à cet effort, 10.000 habitants furent à l'abri de la famine souvent menaçante.

Lille.

Indépendamment des Jardins de la *Société Lilloise,* plus que jamais appréciés et cultivés pendant l'occupation, la *Municipalité* jugea bientôt nécessaire de mettre à la disposition des ouvriers de nouveaux terrains pour occuper les chômeurs et pour parer à l'insuffisance des ressources alimentaires sous la seule forme qui ne fût point frappée de réquisition par l'autorité allemande. L'interdiction de sortir de la ville, et le refus de tout laissez-passer rendant impossible la culture de jardins extra-muros, il fallut pendant trois ans se contenter des terrains urbains disponibles : terrains à bâtir, chantiers vidés de leurs marchandises par la réquisition, etc. En 1918, ces terrains, d'ailleurs médiocres, étant tous occupés, et les demandes affluant de plus en plus nombreuses, la Municipalité obtint enfin de l'autorité allemande l'autorisation de créer des jardins ouvriers sur des terres demeurées en jachères dans la banlieue et les communes avoisinantes : La Madeleine, Mons-en-Barœul, Hellemmes, Lézennes, Ronchin, Loos. Aussitôt le nombre des jardins qui n'avait pu jusqu'alors dépasser 465, fut porté, sous la direction ordonnée et dévouée de M. Samin, au chiffre de 2.058.

Maubeuge.

Dès 1916, les denrées alimentaires se raréfiant de plus en plus par suite des rigueurs du régime de l'étape, il fut créé, indépendamment des jardins ouvriers anciens, un grand nombre de jardins nouveaux, soit par l'initiative privée, soit par la Municipalité, soit par les Allemands eux-mêmes. Leur nombre atteignit en 1918 plus de 2.000.

Roubaix.

L'extraordinaire développement des Jardins ouvriers à Roubaix pendant l'occupation allemande et leur organisation remarquable mériteraient d'être exposés dans tous leurs détails. Nous regrettons vivement de ne pouvoir donner ici qu'un résumé trop succint du très intéressant rapport présenté au Congrès par M. Louis Watine.

En février 1918, l'autorité allemande annonça l'intention de répartir les terrains incultes entre les habitants à raison de 65 mètres carrés par tête.

Pour que cette mesure fût efficace et réellement bienfaisante à la population toute une organisation s'imposait.

Aidé d'un groupe de personnes dévouées, M. Louis Watine se met en devoir aussitôt de la préparer. On divise la ville en autant de secteurs que de paroisses, un président nommé pour chaque secteur doit réunir les adhésions. On obtient de la Municipalité la formation d'une Commission de Culture sous la présidence de M. Wattremez, adjoint, et la vice-présidence de M. Carissimo, qui s'y dévoue tout entier. Une circulaire distribuée aux habitants dans chaque bureau de pain suscite immédiatement plus de 30.000 demandes.

A côté des sections des « *Jardins pour tous* » primitivement

organisées se forment les sections des « *Jardins Populaires* ».
Un bureau central réunit chaque semaine les présidents de
ces différents groupements.

La réquisition des terres ayant été opérée par les Allemands
conformément aux indications d'un cadastre vieux de quarante ans, l'identification et la répartition des différents lots
donnent lieu à mille difficultés. Puis c'est le lotissement, le
tracé des chemins, l'établissement des clôtures : dans la pénurie de toutes choses où l'on est, tout devient problème.

Cependant la saison s'avance et le temps presse. De véri-
tables tours de force sont réalisés, et bientôt 32.000 parcelles
sont constituées.

Mais les outils manquent. Heureusement, M. Watine y a
songé. Il s'est procuré de la tôle d'acier, et, grâce à la com-
plaisance de M. Ricard, directeur de la Compagnie du Gaz,
une usine secrète fabrique en quinze jours bêches, houes,
rateaux, qui sont offerts aux jardiniers ravis à moitié prix
de ceux que l'on a grand'peine à trouver dans le commerce.

Aussitôt le travail est entrepris partout avec ardeur, chacun
ayant compris qu'il a en main l'alimentation de sa famille.

Mais dès que les semences confiées à la terre commencent
à lever, une nouvelle question se pose : comment préserver
du pillage les précieux légumes qui vont croître dans ces
32.000 jardins? On organise à frais communs un gardiennage
général, de jour et de nuit; les veilleur de nuits, établis à
poste fixe à raison d'un par hectare, seront contrôlés par des
tournées d'inspection toujours en mouvement. Le plus difficile est d'obtenir de l'autorité allemande les permissions
nécessaires pour que tous ces hommes (350 environ) circulent
la nuit sans être inquiétés.

La permission enfin accordée, grâce à ce gardiennage les
vols furent presque totalement évités, et chaque famille put
récolter en moyenne sur ses 65 mètres carrés de terrain
100 à 110 kilogrammes de pommes de terres et 30 à 35 kilogrammes de légumes divers, sans compter salades, oseille,
épinards, etc.

Il s'ensuivit à Roubaix une baisse formidable des légumes,
résultant de ce qu'il y avait au marché beaucoup moins
d'acheteurs. Les pommes de terre, qui valaient près de
6 francs le kilogramme en avril, tombaient à 2 francs à la fin
de septembre, à 0 fr. 60 au début d'octobre.

La guerre finie, l'ouvrier de Roubaix n'oublie pas les services rendus par le jardin pendant les durs jours de l'occupation. Il s'est attaché de cœur à cette terre bienfaisante qui a nourri ses enfants. Il a pris goût à la culture. Plus que jamais il aspire au clos familial.

La *Fédération des Jardins ouvriers de Roubaix* a pour but de seconder dans leur tâche les œuvres chaque jour plus nombreuses qui s'efforcent de répondre à ce besoin.

Saint-Amand-les-Eaux.

L'OEuvre de Saint-Amand comptait avant la guerre 20 jardins de 3 ares. Ils furent, pendant les années d'occupation, bien et jalousement cultivés, car ils constituaient pour les familles le grand moyen de subsistance. « Je me rappelle toujours, écrit M. le curé de Saint-Amand, la réponse d'un des bénéficiaires de nos jardins à qui je demandais, en août 1914, comment il pourrait vivre sous l'occupation qui commençait : il me fit monter à son grenier, et me montrant ses pommes de terre et ses haricots : « Voilà de quoi, avec le ravitaillement, me suffire pendant l'hiver, à moi et à mes cinq enfants. »

Tourcoing.

Cultivés avec amour durant l'occupation, les Jardins ouvriers du *Coin de Terre Tourquennois* donnèrent un rendement à peine croyable, qui permit aux familles bénéficiaires de faire face à la disette, souvent même de venir en aide d'une façon touchante à leurs voisins dépourvus. Pour suffire aux demandes, le Comité, en tirant parti des terrains même les plus ingrats, parvint à porter à près de 800 le nombre de ses jardins. Par l'esprit de fraternité et d'entr'aide qu'elle entretenait entre ses membres autant que par les ressources matérielles qu'elle leur apportait, l'œuvre a puissamment contribué à soutenir le moral et à maintenir jusqu'au bout la confiance.

D'autre part, des terres réquisitionnées par les Allemands furent mises à la disposition de la Ville en 1918, avec obligation de les faire cultiver. Plusieurs milliers de parcelles furent ainsi distribuées.

ARDENNES

Charleville.

Les terres abandonnées par les évacués furent réparties entre les habitants par la Municipalité. La société « *La Paix sociale* » organisa en Jardins ouvriers 21 hectares, qui donnèrent de merveilleux rendements.

Rethel.

Les Jardins ouvriers qui existaient avant la guerre durent être abandonnés parce qu'ils étaient situés dans une zone interdite aux habitants par l'armée allemande. Une soixantaine de jardins nouveaux furent créés par l'initiative privée. D'autre part les terres réquisitionnées furent réparties par la Municipalité entre les familles qui en faisaient la demande à raison de 2 ares par personne (d'après la règle établie par la Kommandatur). Etant donné le régime de famine auquel la population se trouvait réduite, presque tout le monde réclama des terrains.

Sedan.

Cultivés avec un soin tout spécial pendant l'occupation, les Jardins ouvriers produisirent des récoltes abondantes qui développèrent grandement l'amour du sol dans la population affamée. Mme Devin, présidente de l'œuvre, avait obtenu en effet, en septembre 1915, alors que toutes les récoltes étaient saisies par l'autorité allemande, que celles des Jardins ouvriers ne le seraient pas. En 1917 et 1918, les Allemands, qui s'étaient emparés de toutes les terres, en mirent une part à la disposition de la Ville, à charge pour elle de les lotir et distribuer à raison de 2 ares par tête aux habitants qui en feraient la demande. Neuf mille parcelles furent ainsi réparties. Tous ces terrains ayant été rendus à leurs propriétaires après l'armistice, l'OEuvre des Jardins ouvriers, aidée par une subvention de la Municipalité et par un don de la Croix-Rouge américaine, a porté le nombre de ses jardins de 250 à 600 pour répondre aux besoins de la population.

III

Situation présente des Œuvres de Jardins ouvriers.

Amiens.

M. Georges Asselin nous envoie la statistique des œuvres de Jardins Ouvriers, qui sont à Amiens nombreuses et florissantes. *L'Association Amiénoise*, dont il est président, compte à elle seule 105 jardins répartis en 10 groupes. Tous les membres du Comité ayant été mobilisés, le fonctionnement de l'œuvre fut assuré pendant la guerre par un Administrateur judiciaire assisté du dévouement de M. Lécuru. Les terrains vacants furent attribués à des réfugiés.

Depuis la guerre, le désir et l'amour du jardin s'accroît chez l'ouvrier. La *Société de Crédit Immobilier de la Somme*, fondée en 1913, a pris depuis la réintégration un développement considérable. Au cours de l'année 1920, les prêts ont atteint une moyenne de plus de 200.000 francs par mois. La Société a dû accroître son capital pour étendre son pouvoir d'emprunt en vue de répondre aux demandes qui affluent. Grâce à son aide, 300 familles déjà sont propriétaires d'une maison.

C'est la réalisation, à Amiens même, du vœu qu'exprimait M. Riquer, fondateur des *Jardins ouvriers de l'Association Michelet*. Sa brochure intéressante et pratique « *Les Jardins ouvriers et les Sociétés de Crédit Immobilier* », met en relief la corrélation étroite qui doit exister entre deux œuvres qui assurent à l'ouvrier, l'une la jouissance momentanée, l'autre la possession définitive du coin de terre de ses rêves. L'Association Michelet tend d'ailleurs à développer l'attachement au sol et le désir de la propriété dans les familles auxquelles elle attribue ses jardins, car elle leur consent un bail de neuf années.

Avesnes.

Le *Coin de Terre Avesnois*, qui s'est félicité du zèle courageux des jardiniers pendant l'occupation et des résultats remarquables alors obtenus, déplore aujourd'hui la négligence et l'apathie de ses adhérents, que les salaires élevés,

les trop grands loisirs et l'attrait des plaisirs faciles détour-
nent du jardin.

Beauvais.

Nous recevons de M. Leborgne toute une série de renseignements complets sur l'organisation et le fonctionnement
de l'OEuvre des *Jardins ouvriers de Beauvais*. Il y aurait là
de quoi faire toute une monographie qui serait du plus
haut intérêt. Cette œuvre, dûe à l'initiative de la *Société
d'Horticulture de Beauvais*, pourrait être donnée en exemple
à toutes les Sociétés d'Horticulture. Conçue en effet sous
une forme très large et très souple, elle encourage le jardin
de l'ouvrier sous tous ses aspects, qu'il en soit propriétaire,
locataire, ou simplement bénéficiaire par l'intermédiaire de
l'œuvre ; elle se propose d'étendre son action dans toutes
les localités du département, afin de retenir dans les campagnes les ouvriers qui y sont encore, et de conserver aux
ouvriers des villes le goût de la terre pour les y ramener.
Conférences, distribution de graines et de plants, visite périodique des jardins, attribution de diplômes et de prix en
nature : tout est mis en œuvre. De plus, désormais, par une
touchante pensée, la *Fondation Pierre Leborgne*, destinée
à perpétuer dans l'œuvre qu'il aimait le souvenir du jeune
sous-lieutenant mort au Champ d'Honneur, sera consacrée
chaque année à récompenser les ouvriers les plus méritants.

Après avoir collaboré pendant la guerre à la création des
Potagers militaires, l'OEuvre des Jardins ouvriers de Beauvais a pris au cours des années dernières une rapide extension. Huit œuvres nouvelles ont été fondées. A Saint-Just des
Marais notamment, 13 hectares ont été loués et répartis. Le
nombre total des jardins est passé de 853 à 1.200. Quarante-
huit potagers scolaires ont été créés.

Au printemps de l'année 1920, la *Société des Agriculteurs
de l'Oise* ayant résolu de joindre son action à celle de la
Société d'Horticulture, sous les auspices du directeur de
l'Office Agricole départemental, un Comité Central des Jardins ouvriers de l'Oise a été constitué, sous la présidence de
M. Leborgne.

Grâce à l'union intelligente de tous ces dévouements,
aidée des subventions très larges de l'Office Agricole,
l'OEuvre de Beauvais est aujourd'hui en plein développement.

Blois.

La *Société Blésoise des Jardins ouvriers*, fondée en 1903, compte 165 jardins répartis en 8 groupes. Elle a depuis 1909 une filiale, la *Société du Bien de Famille de Blois*, dont l'objet propre est l'acquisition de terrains pour jardins ou pour construction d'habitations à bon marché, et qui compte à elle seule 130 lots, dont 92 sont attribués déjà.

La loi de huit heures a eu d'heureux résultats sur la culture des jardins. La récolte annuelle est estimée de 3 à 500 francs par les jardiniers. Les demandes sont toujours nombreuses.

Bordeaux.

L'OEuvre des Jardins ouvriers annexée à la *Société Bordelaise des Habitations à bon marché*, manque des terrains nécessaires pour se développer. Dans une très intéressante communication présentée au Congrès, M. Ch. Cazalet, son Président, émet le vœu que l'attention des Offices Municipaux et Départementaux d'Habitations à bon marché soit appelée sur la valeur sociale de l'œuvre, et sur l'intérêt qu'il y aurait à mettre à sa disposition tous les terrains inutilisés. Ce vœu a été retenu par le Congrès.

Boulogne-sur-Mer.

Les OEuvres de Jardins ouvriers se sont multipliées à Boulogne depuis la guerre. La *Section Boulonnaise de la Ligue du Coin de Terre et du Foyer* sous la direction dévouée de M. de Beaumont et de M. Paul Bacquet, est à la tête du mouvement, avec ses 372 jardins; 100 jardins nouveaux ont été créés pour répondre aux demandes qui se multiplient depuis l'application de la loi de huit heures. Tous les loisirs des jardiniers sont consacrés à leur jardin. Le bénéfice qu'ils en retirent est évalué par eux de 3 à 600 francs (pour une surface de 300 mètres carrés environ). La cotisation annuelle de 10 francs subit une réduction de 1 franc par enfant ou vieillard à la charge de la famille. Les titulaires des jardins paient ainsi environ le tiers de ce qu'ils devraient payer pour une location ordinaire.

Grâce à l'aide du Crédit Immobilier, plusieurs jardiniers ont d'ailleurs acheté des terrains, qu'ils cultivent en attendant d'y pouvoir construire une maison.

En 1920, un Concours général de bonne tenue des jardins, organisé par la Section Boulonnaise de la Ligue du Coin de terre, a groupé toutes les œuvres de Boulogne, unies dans une même émulation pour le bien : Œuvres du *Bureau de Bienfaisance* et de la *Municipalité*, *Œuvres des Paroisses Saint-Pierre et Saint-Martin*, *Œuvres des Familles nombreuses*, comptant au total 328 jardins. indépendamment de ceux de la Ligue.

Briatexte (Tarn).

La petite œuvre de Briatexte, fondée en 1905 par un groupe de *l'Association Catholique de la Jeunesse Française*, ne compte que 16 jardins. Mais son initiative mérite d'être remarquée. L'article 20 de ses statuts établit, en effet, que tout bénéficiaire de l'œuvre qui reste attaché vingt ans au coin de terre qui lui est confié, en devient alors propriétaire, sans avoir pour cela rien à payer.

Caen.

La *Société Caennaise d'Habitations à bon marché* a converti en jardins quelques terrains acquis par elle et non encore employés. Son président, *M. Villey*[1], a créé d'autre part, sur un terrain qui lui appartient, 27 jardins ouvriers spécialement destinés à des familles nombreuses. Quant aux 150 jardins créés par la *Municipalité* en 1907, ils sont tous devenus aujourd'hui la propriété des familles auxquelles ils avaient été attribués. Chaque année, la *Société d'Horticulture* organise un concours pour l'attribution de récompenses aux jardins les mieux cultivés.

Calais.

Les *Jardins du Fort Nieulay*, fondés en 1912 par M. l'abbé Coquelle, se sont accrûs d'un second groupe pendant la guerre. Au total 80 jardins. L'Œuvre, annexée à la Société des Hommes du Fort Nieulay, et à une Société de Secours Mutuels, est dirigée par un Comité choisi parmi les jardiniers, sous la direction de M. le Curé. Les loisirs dûs à l'ap-

---

1. M. Villey est un ancien et fidèle ami de la Ligue du Coin de Terre et du Foyer. C'est sur un rapport très sympathique rédigé par lui que le prix Corbay fut attribué à l'abbé Lemire, son fondateur.

plication de la loi de huit heures profitent à la culture : il y a des jardins modèles.

Cambrai.

La *Société des Jardins ouvriers de Cambrai*, association déclarée fondée en 1907, a continué et accru sa bienfaisante action durant les années de guerre. Elle compte aujourd'hui 105 jardins.

Le Coin de Terre ouvrier Cambrésien, fondé en 1908 par M. Demolon, a suivi la même progression et compte à l'heure actuelle 4 groupes et 102 jardins. A remarquer l'excellente idée du Carnet individuel remis par l'œuvre à chacun de ses bénéficiaires. Avec le texte de l'engagement signé par lui, l'ouvrier y trouve sous la forme la plus simple et la plus pratique tous les renseignements dont il a besoin : but et direction de l'OEuvre, règlement des jardins, conseils élémentaires et précis sur les principaux travaux, la disposition et le choix des cultures, la saison propice aux semis et plantations, enfin quelques pages blanches pour y noter, s'il le désire, ses propres observations ou le produit de sa récolte.

Cannes.

La *Conférence Saint-Vincent de Paul* se félicite d'un regain d'activité dans les jardins et d'un progrès notable dans la culture depuis l'application de la loi de huit heures.

Chantilly.

Créée en 1882 par la *Municipalité* sur les terrains mis à sa disposition par le duc d'Aumale (aujourd'hui par l'Institut) et par la baronne J. de Rotschild, l'OEuvre de Chantilly compte aujourd'hui 206 jardins, concédés gratuitement aux ouvriers. Des prix sont décernés chaque année par la Municipalité aux jardins les mieux cultivés.

Charleville.

A côté de l'œuvre ancienne et toujours florissante du Dr *Roland*, une œuvre nouvelle, dont les modalités sont particulièrement intéressantes, se développe à Charleville : *La Paix Sociale*, Société d'Habitations à bon marché et de Jardins ouvriers, loue ou de préférence *vend* les terrains qu'elle a acquis à des familles nombreuses ou à des veuves chargées d'enfants, avec toutes facilités de paiement et délais considérables. Au cas où l'acquéreur renoncerait librement au jardin, comme au cas où la Société, pour insuffisance de culture, se verrait obligée de le lui reprendre, le remboursement des sommes versées est assuré. Le terrain une fois acquis ne peut être vendu avant dix ans, et la Société se réserve en cas de vente un droit de préemption.

Chartres.

La *Société des Jardins ouvriers de Chartres*, constituée sous forme de Société anonyme par actions à la date du 7 février 1920, a fait l'acquisition d'un terrain de 14.600 mètres carrés, admirablement situé sur un plateau dominant la ville, en bordure d'une rue projetée ; elle vient d'y créer 42 jardins, dans l'espoir que les ouvriers locataires y construiront euxmêmes une maison. En attendant, les jardins sont en pleine prospérité.

Châteaulin.

L'œuvre des *Jardins ouvriers de Châteaulin*, fondée en 1905 par M. l'archiprêtre Le Roy, comptait 11 jardins. Grâce à l'aide d'une Société civile faisant des prêts à long terme et à petit intérêt aux ouvriers qui désiraient faire bâtir une maison, tous ces jardins sont devenus la propriété des familles qui les occupaient.

Clermont-Ferrand.

Le *Coin de Terre Clermontois* a groupé et réuni en un seul faisceau les diverses sections de jardins ouvriers existant dans la ville. Un vœu fort intéressant de son président, M. Jalenques, touchant la publication d'un Bulletin Général qui s'adresserait à tous les ouvriers de nos jardins, a longuement retenu l'attention du Congrès.

Compiègne.

Les Jardins ouvriers sont à Compiègne une des créations de *l'Office Central des Œuvres de Bienfaisance*. Fondé en 1905 par M. Fournier-Sarlovèze, ils sont aujourd'hui au nombre de 281, répartis en 12 groupes. Il est perçu pour chaque jardin une cotisation annuelle de 12 francs, dont la moitié est déposée à la Caisse d'Epargne au nom de l'ouvrier.

Croix (Nord).

Les Jardins ouvriers de Croix comptent actuellement 7 groupes, couvrant plus de 4 hectares, répartis en 200 jardins. L'OEuvre les met à la disposition de ses sociétaires gratuitement, mais à la condition expresse qu'ils adhèrent, moyennant une cotisation annuelle de 10 francs, aux mutualités annexées à l'OEuvre des Jardins : *Mutualité Maternelle*, qui verse à chaque naissance de 35 à 40 francs, *Mutualité de Décès*, qui assure, à la mort du chef de famille, une somme de cent francs à la veuve ou aux enfants. Un *Cours de Coupe* a été récemment organisé à titre gratuit pour les mères de famille. Mme Frédéric Delloue, fondatrice et présidente de l'œuvre, signale l'heureuse influence de la loi de huit heures sur la culture et la tenue des jardins. Grâce à ces loisirs accrus et grâce au prix actuel de la vie, l'ouvrier apprécie plus que jamais le jardin. Il est malheureusement impossible, faute de terrains, de suffire aux demandes[1].

Dijon.

Notre *Section Dijonnaise* a été éprouvée par la guerre. Deux membres de son Comité, MM. J. Pingat et L. Striffling sont morts pour la France. L'OEuvre compte 385 jardins en 15 groupes. Il lui est difficile de s'étendre, les terrains qui entourent la ville étant de plus en plus recherchés par les ouvriers, qui peuvent maintenant, grâce à l'élévation des salaires, les louer directement, même à des prix élevés. La cherté de la vie, la loi de huit heures, la semaine anglaise : tout les y engage. « Le jardin, écrit M. Jean Striffling, est entré dans les mœurs. Nous avons fait école, et, la nécessité aidant, notre exemple a profité. Beaucoup d'ouvriers, qui tirent d'affaire seuls, viennent encore, en supplément, nous demander un jardin. Mais plus que jamais nos terrains doivent être confiés à ceux qui en ont un réel besoin, à ceux

---

1. L'expérience et l'activité de Mme Delloue furent mises pendant la guerre au service des potagers militaires et contribuèrent à leur développement rapide à La Varenne, où elle séjournait, à Bonneuil et au Pecq. Grâce aux semences distribuées par ses soins, la colonie des Enfants de l'Yser put récolter des légumes pour l'alimentation de 90 personnes.

à qui la modicité du prix (3 francs) est réellement nécessaire. C'est donc plus particulièrement aux pères des familles nombreuses, aux mutilés, aux veuves, que nous devons réserver nos jardins. »

Dreux.

L'OEuvre de Dreux, fondée en 1907 par M. Desvaux, actuellement dirigée par M. Dubas, est constituée sous forme d'Association déclarée, affiliée à la Ligue du Coin de Terre. Propriétaire du terrain qu'elle occupe, elle ne demande à l'ouvrier que 2 francs par jardin.

Etampes.

Sur les 54 jardins fondés en 1907 par la *Caisse d'Epargne*, 40 ont été achetés par les ouvriers qui en avaient la jouissance. Sur les 14 lots qui restent, 10 sont loués par la ville d'Etampes, qui les met à la disposition des gendarmes de la localité.

Etaples-sur-Mer.

L'OEuvre fondée par M. le doyen Coppin a beaucoup souffert de la guerre, par suite de l'installation des baraquements de l'armée anglaise sur le terrain : un travail ardu est nécessaire pour remettre en état les 72 jardins d'avant-guerre. Ce travail se poursuit sous la direction de M. le vicaire Blondiaux.

Gravelines.

L'Association des Cités-Jardins de Gravelines, fondée en 1908, comprend aujourd'hui 5 groupes et 160 jardins, d'une superficie moyenne de 300 mètres carrés. Elle occupe une partie des terrains des fortifications déclassées, qui lui sont loués à bail par le Génie. La culture des jardins est en sensible progrès depuis la réduction de la journée de travail de l'ouvrier.

Le Havre.

La Société Havraise des Jardins ouvriers, fondée en 1905 par M. Jules Siegfried, a pleinement atteint le but qu'elle se proposait : les 150 jardins qu'elle avait créés sont tous devenus la propriété des pères de famille auxquels ils avaient été attribués.

Aujourd'hui la ***Société Havraise des Logements Economiques,*** ne pouvant construire toutes à la fois les 1.520 maisons que comporte son projet de Cité-Jardin sur le plateau de Frileuse, a décidé de distribuer aux ouvriers, sous forme de jardins à cultiver, 30 hectares sur les 57 qu'elle a achetés. A la demande de la ***Société des Jardins de Frileuse,*** les voies de tramways existantes ont été prolongées, un funiculaire a été établi pour desservir ces jardins.

Mais la Société se plaint de l'incommodité des horaires du chemin de fer pour ses jardiniers, et surtout de l'élévation considérable du tarif d'enregistrement des bicyclettes.

Au Havre, en effet, la situation de la ville, privée de banlieue de trois côtés, et l'éloignement forcé des jardins donnent à la question des moyens de transport une importance toute particulière, à l'heure où la généralisation de la journée de huit heures et la faculté d'achat due à la prime de démobilisation et aux forts salaires accroissent chez l'ouvrier père de famille le désir d'un coin de terre en jouissance ou en propriété.

Hennebont.

En 1898, M. Chevassu confiait gratuitement 12 terrains d'une superficie de 4 ares à des ouvriers chargés de famille, qui devaient les conserver jusqu'à ce qu'ils eussent élevé leurs enfants. Telle est, en effet, la forme particulière de l'Œuvre. Actuellement ces douze premiers chefs de famille ont été, sauf un, remplacés par de plus jeunes, ouvriers d'usines pour la plupart. Conditions requises : avoir de nombreux enfants; occuper le terrain par une culture constante, vivre en bons termes avec ses voisins; ne pas travailler le dimanche.

M. H. Chevassu, qui succède à son père dans la direction de l'œuvre, se loue de l'esprit *très fraternel* qui règne entre les douze familles qui constituent la série actuelle et qui comptent à elles seules *89 enfants*.

La Rochelle.

L'Œuvre de la Rochelle, fondée en 1899 par le commandant Feydeau, dirigée actuellement par le commandant Boucher, président du Bureau de Bienfaisance, compte aujourd'hui 181 jardins. La loi de huit heures a considérablement accru le nombre des demandes. L'œuvre a dû créer un quatrième groupe de jardins pour y satisfaire.

Laval.

Fondés en 1917 par M. Glinche, les Jardins ouvriers de Laval, au nombre de 125, sont organisés sous forme de *Syndicat*. Grâce à la bienveillance de la Municipalité et de quelques bienfaiteurs, la concession du jardin est gratuite. Une *coopérative* a été établie pour l'achat de graines et d'engrais.

Lens.

La *Société des Mines de Lens*, au lendemain de la guerre, ne trouvait plus à la place de ses 8.000 maisons ouvrières et de ses plus nombreux jardins qu'un sol sillonné de tranchées, portant comme végétation des tonnes de fil de fer barbelé, et comme récolte une ample moisson d'obus et de mitraille, et d'explosifs non éclatés... Il n'y eut cependant pas une heure de découragement. Aussitôt entreprise, l'œuvre de reconstitution s'est poursuivie sans trêve. Sur le terrain déblayé, puis nivelé, puis réparé et comme refait par de larges apports de terre végétale, déjà maisons et jardins refleurissent. Sans un excès de modestie qui est aussi une fierté, le chef des Jardins et Plantations de Lens aurait pu communiquer au Congrès mieux que des espérances[1].

Lille.

La grande *Œuvre Lilloise des Jardins ouvriers*, fondée en 1906 par M. Maxime Ducroq, continue à se développer sous sa direction. Association déclarée, affiliée à la Ligue du Coin de Terre, elle compte aujourd'hui 32 groupes, comprenant 1.027 jardins et couvrant plus de 30 hectares de terrain.

Limoges.

Les Jardins ouvriers fondés en 1905 par *M. l'abbé Goguyer* sont aujourd'hui au nombre de 350, constitués en Association

---

1. V. plus haut p. 38.
Ces espérances ont été d'ailleurs dépassées : au mois d'août 1921, M. Choquet pouvait annoncer 2.500 jardins cultivés autour de 2.500 maisons reconstruites, et 6 hectares de terrain divisés en parcelles de 250 mètres et distribués d'autre part aux ouvriers à titre de jardins indépendants.

déclarée affiliée à la Ligue. La *Municipalité* de Limoges a organisé pendant la guerre quelques jardins en trois groupes ; le plus important est à la veille de se fondre avec ceux de M. Goguyer. L'Œuvre apparaît plus nécessaire que jamais depuis l'application de la loi de huit heures. L'ouvrier, en effet, emploie plutôt mal ses nouveaux loisirs : il y a là toute une éducation à faire. Les sociétés sportives n'attirent que les jeunes gens ; les cercles d'études n'ont pas le succès qu'ils méritent ; les universités populaires sont tombées ; les cabinets de lecture sont déserts : seuls, les jardins ouvriers sont de plus en plus goûtés.

Lons-le-Saunier.

La *Section Lédonienne de la Ligue du Coin de Terre et du Foyer*, fondée par quelques membres de la Conférence Saint-Vincent de Paul de Lons en 1906, ne se contente pas de diriger 3 beaux groupes de 118 jardins ouvriers. A côté de cette œuvre, et pour en être le complément et comme le prolongement, elle a constitué : 1º une *Caisse de Secours* pour naissances et décès ; 2º une *Société d'Habitations à bon marché* ; 3º une *Société de Crédit Immobilier*. La loi de huit heures, aussi peu appréciée des ouvriers que des patrons de la région, doit y subir des dérogations multiples : elle a cependant de très heureuses conséquences sur le développement des jardins ouvriers. Les jardins sont de plus en plus appréciés ; la création d'un nouveau groupe est à l'étude pour répondre aux demandes. Et le progrès est sensible dans la culture ; c'est souvent matin et soir, avant et après sa brève journée, que l'ouvrier laborieux va travailler son coin de terre.

Lyon.

L'*Œuvre Lyonnaise des Jardins ouvriers* compte 1.013 jardins répartis en 34 groupes. Huit de ces groupes sont malheureusement menacés de suppression prochaine, par suite de projets de constructions. Seule la création d'un métropolitain pourrait assurer la décongestion de la ville en assurant le transport rapide et économique dans la banlieue. L'OEuvre Lyonnaise s'est occupée activement des *jardins militaires* pendant la guerre. Elle a en outre provoqué la création de jardins chez plusieurs industriels et collaboré à leur organisation.

La *Municipalité de Lyon* a créé également une OEuvre de Jardins ouvriers en 1917. Cette œuvre municipale compte aujourd'hui 1.500 sociétaires, répartis en 22 groupements. Chacun de ces groupements est administré par un Conseil d'Administration élu par les sociétaires, et dont le président est membre de droit de la Commission des Jardins ouvriers municipaux. Un règlement simple et complet, que chaque sociétaire s'est engagé par écrit à respecter lors de son entrée dans l'œuvre, en assure le bon fonctionnement.

Maing (Nord).

Fondée par M. l'abbé Delbecque, qui fut en 1914 fusillé par les Allemands, l'OEuvre de Maing avait débuté modestement avec 6 jardins. Elle se développa pendant la guerre jusqu'à en compter 114. Certains terrains ayant été repris par leurs propriétaires lors de l'évacuation, elle en compte aujourd'hui 70, qui sont divisés en 3 groupes, sous la direction de M. le curé Leprette, qui cherche à établir un Comité recruté parmi les tenanciers des jardins.

Marines (Seine-et-Oise).

Président de la Société d'Agriculture de Marines, M. Brieux, de l'Académie française, vient de créer dans cette localité 12 jardins ouvriers, d'une surface moyenne de 400 mètres carrés. L'organisation de l'OEuvre et ses statuts assurent son heureux développement dans l'avenir.

Marseille.

L'*Œuvre des Jardins de Famille* fondée par M. Joseph Aiguier en 1910, continue de se développer sous sa direction. *L'Assistance par le travail* lui ayant confié désormais l'administration de ses jardins, elle en compte au total 251, répartis en neuf groupes, dont le bon ordre est assuré par un excellent Règlement. Conditions de jouissance : être Français et avoir plusieurs enfants.

Trois œuvres annexes : 1° *Mutualité Maternelle*, qui verse aux jardiniers une somme de 24 francs à la naissance de chaque enfant. (Précédemment l'OEuvre des Jardins de famille affiliait ses membres à la Mutualité Maternelle des Bouches-du-Rhône : elle fut rayée parce que les naissances étaient trop nombreuses!) — 2° *Service d'achat* pour graines et semences;

— 3° *Caisse Rurale de Crédit*, qui reçoit les économies des jardiniers et leur prête les sommes dont ils peuvent avoir besoin pour l'acquisition d'instruments de travail, en attendant de pouvoir leur prêter pour achat de jardin et maison.. Versements effectués : 30.000 francs.

L'Œuvre s'est occupée activement de l'organisation des *jardins militaires* pendant la guerre, leur procurant à ses frais graines, charrues, outils, etc. Les résultats obtenus dans la subdivision de Marseille ont été superbes. Le Président des Jardins de famille, qui fut, à titre de conférencier militaire, un des propagateurs les plus ardents de cette œuvre, émet le vœu que la Ligue du Coin de Terre, après avoir tant fait pour les Potagers militaires de la guerre, prenne l'initiative des Jardins militaires de la Paix.

Melun.

L'Œuvre de Melun, fondée en 1907 par le Dr Masbrenier, vient d'acquérir 12.000 mètres de terrain pour accroître le nombre de ses jardins.

Montataire (Oise).

La *Société d'Horticulture de Montataire* est en même temps *Société de Tempérance*, et c'est à ce double titre qu'elle met à la disposition de ses membres 180 jardins à cultiver. Fondée en 1909 par MM. Beulens et Delargille, présidée aujourd'hui par M. Blondeau, elle ne cesse de gagner des sympathies au milieu des ouvriers de Montataire, et son action se développerait plus largement encore sans les difficultés qu'elle éprouve à se procurer des terrains.

Montbrison.

Fondés en 1907 par le *Cercle d'Etudes Religieuses et Sociales* de No're-Dame, les Jardins ouvriers de Montbrison sont au nombre de 45 répartis en deux groupes. Les résultats obtenus sont excellents, surtout depuis que l'application de la loi de huit heures permet aux ouvriers de travailler leurs jardins pendant la semaine. Mais le prix élevé des terrains à louer rend difficile de s'étendre.

Nancy.

Nancy, qui fut le siège du premier Congrès des Jardins

ouvriers, réuni en 1898, tient à honneur de rester fidèle à l'œuvre dont elle a encouragé les débuts. Les Jardins ouvriers y sont nombreux et prospères. L'OEuvre fondée en 1896 par M. le comte Malval, transformée en 1908, est devenue la *Société des Jardins ouvriers de la Ville de Nancy*, qui compte aujourd'hui 180 jardins, dirigés par M. Albert. Sous la présidence de M. Dombray-Schmidt, l'*Œuvre des Familles nombreuses* en compte 453. Enfin l'*Œuvre Nancéienne d'Assistance par le Jardin*, organisée par la Commission administrative du *Bureau de Bienfaisance*, en compte 240.

Nîmes.

L'*Œuvre Diocésaine des Jardins ouvriers*, fondée en 1905 par *Mgr Béguinot*, se poursuit sous la direction du général d'Entragyues et de M. le curé Blayrat. Elle compte aujourd'hui 70 jardins.

L'OEuvre fondée par *M. Tholozan*, et continuée depuis 1910 par la *Société des Jardins ouvriers de Nîmes*, s'est développée par l'adjonction d'un nouveau groupe, sur un terrain de trois hectares dont l'aménagement a nécessité de grands travaux. Un ancien puits a dû être recreusé jusqu'à 21 mètres de profondeur pour trouver une nappe d'eau suffisante à l'arrosage. 178 jardins nouveaux ont été créés. La location du terrain est couverte par la cotisation des jardiniers, qui est de 15 francs par an. La récolte peut être évaluée pour chacun de 5 à 600 francs. Le jardin est extrêmement apprécié, et l'on s'ingénie à en développer les avantages. Le dimanche, on s'y réunit en famille; souvent on y prend les repas; on se plaît à y être visité, à montrer ses légumes, ses fruits et ses fleurs. Il est à remarquer qu'on trouve parmi les tenanciers surtout des employés du chemin de fer, des agents des P. T. T., des gendarmes, etc., l'élément ouvrier proprement dit est en minorité. La Société voudrait agrandir son champ d'action, mais les fonds manquent pour l'achat d'un terrain. Mme Louis Jacques souhaiterait aussi le concours plus nombreux de dames visiteuses, qui serait précieux pour accroître les bienfaits moraux de l'œuvre, à côté des résultats matériels.

Orléans.

L'OEuvre Orléanaise, constituée sous forme d'Association déclarée affiliée à la Ligue, compte aujourd'hui 25 groupes et 320 jardins. Grâce à l'effort du Dr Denis, son président, elle s'est accrue même au cours de la guerre, et son exemple a suscité la création de Jardins ouvriers par des industriels d'Orléans. Malheureusement, l'extrême difficulté qu'on éprouve à se procurer des terrains à proximité de la ville entrave à l'heure actuelle son développement.

Paris.

Filiale de la Ligue du Coin de Terre et du Foyer, la *Société des Jardins ouvriers de Paris et Banlieue*, fondée par *M. l'abbé Lemire* en 1904, a été le point de départ du développement des Jardins ouvriers dans la région parisienne, en même temps qu'elle constituait pour la Ligue un champ d'action directe, qui lui permettait de donner une base solide à sa propagande en l'appuyant sur des expériences faites et des résultats acquis.

Ses œuvres, qui n'ont cessé de se multiplier depuis lors, dans Paris d'abord, puis dans toute la banlieue, d'Alfort à Issy, de Saint-Denis à Montrouge, ont dû revêtir, suivant les temps et les lieux, des formes variées.

Des nombreux groupes créés primitivement dans Paris, celui d'*Auteuil*, où les jeunes gens de l'Ecole Gerson font l'apprentissage des œuvres sociales, est aujourd'hui seul à survivre, tous les autres terrains ayant été successivement repris pour la construction. Il a fallu se résoudre à émigrer de plus en plus dans la banlieue. Là, grâce à la bienveillance de particuliers, et plus souvent de grandes Administrations ou de grandes Compagnies propriétaires de terrains inoccupés, des œuvres importantes ont été constituées, à *Pantin-Aubervilliers* par M. Bour, à *Saint-Denis* par M. Touchard, à *Saint-Ouen* par MM. Lechardeur et Bonnequin, à *Asnières*[1] par M. l'abbé Joly, à *Courbevoie* par M. Pouch, à *Issy* par M. Bertrand, à *Montrouge* par M. l'abbé Muller, à *Arcueil*[2] par Mlle Vincent, à

1. Les Jardins ouvriers d'Asnières font partie du groupe d'œuvres remarquable créé à Saint-Joseph des Quatre Routes par M. l'abbé Joly (Cercle d'études, coopérative, habitations à bon marché, etc.). Ils prennent depuis la guerre une extension croissante.

2. Grâce à l'heureuse disposition du terrain qu'ils occupent, les jardins d'Arcueil ont été à plusieurs reprises le théâtre de fêtes et de représentations gracieuses, données en l'honneur des Jardins ouvriers par les enfants et les jeunes filles des jardiniers, sous la direction de Mlle Vincent. Joie des parents et des enfants, ces fêtes sont, de temps à autre, utiles pour mettre en relief le caractère social et familial de l'œuvre.

— 197 —

Bicêtre par MM. Parent et Fiévet, à *Choisy* par M. de Lisle, à *Ivry*[1] par M. Marque, à *Alfort* par M. Duflot.

Mais les nécessités du temps de guerre ont suscité des initiatives et des audaces inconnues jusqu'alors : mis à la disposition de la Ligue par le Génie, les fossés et les glacis des *Fortifications* (si peu propices en apparence à la culture!) se sont sur de larges espaces couverts de jardins, et de fort beaux jardins, sous la direction de M. l'abbé Lieubray, de Mme Salcilles, de MM. Léchardeur, Bertrand, Rudloff.

Enfin les besoins nouveaux qu'entraîne la loi de huit heures ont fait même oublier la distance qui sépare les *Forts* de Paris. M. Marque à *Ivry*, M. Duval à *Montrouge*, Mlle Vincent à *Bicêtre* et à *Châtillon*, M. Janicot à *Vanves*, M. Dutour à *Issy*, M. Penanhoat à *Saint-Denis*, ont réalisé en quelques mois, sur ces terres jadis incultes et souvent ingrates, des centaines de jardins, d'autant plus appréciés et plus aimés qu'ils ont coûté plus d'effort.

Si nombreuses et si diverses qu'elles soient, ces œuvres gardent leur centre commun 26, rue Lhomond. Chaque mois, directeurs ou délégués de Paris et banlieue s'y retrouvent sous la présidence de l'abbé Lemire, dans une réunion où se discutent les initiatives et les expériences, où s'éclairent les questions, où se maintient et s'affirme le but commun et essentiel de l'œuvre : le bien de la Famille.

De ce centre de vie et d'action l'idée des Jardins ouvriers a rayonné au dehors.

Elle a trouvé des réalisations variées dans des œuvres particulières, telles que celle de la *Municipalité de Clichy*, créée pendant la guerre, et qui atteint aujourd'hui, sous la direction de MM. Désormeaux et Dumur, au chiffre de 550 jardins; ou celle des *Réformés n° 2, à Saint-Ouen*, fondée en 1916 par Mme Lemasson, déléguée de la Protection du Réformé et présidente de la Croix-Rouge pour le XVIII° arrondisse-

---

1. L'Œuvre d'Ivry se distingue par son organisation remarquable, inspirée tout particulièrement par le désir de développer chez les ouvriers le sens social et l'esprit de solidarité. Associés par voie d'élection à la direction et à l'administration du groupe, tous les jardiniers doivent d'autre part collaborer aux travaux d'intérêt général, en fournissant pour cela chaque année un certain nombre d'heures de corvée. « Lorsque nos jardiniers, écrit M. Marque, ont peiné ensemble pour construire des murs, niveler des terrains, exécuter des travaux dont peut-être personnellement ils ne profiteront jamais, ils commencent à comprendre l'esprit de notre œuvre, ils ont une conception plus nette de la solidarité ».

ment; œuvre particulièrement intéressante parce qu'elle se propose de faire du jardin un moyen de guérison, un asile de réconfort et de joie pour le soldat qui a souffert.

Mais surtout, l'idée a été reprise et largement appliquée par les Conférences de Saint-Vincent-de-Paul, qui ont reconnu dans les Jardins ouvriers la forme la plus pratique et la plus heureuse d'assistance par le travail. Constituée désormais à Paris sous forme d'Association déclarée, et sous la présidence de M. de Lasalle, *la Société Charitable des Jardins ouvriers de Saint-Vincent-de-Paul* compte aujourd'hui 9 groupes et 800 jardins, établis pour la plupart sur des terrains qu'elle tient soit de la ville de Paris, soit du Génie par l'intermédiaire de la Ligue du Coin de Terre et du Foyer.

C'est par l'intermédiaire de la Ligue également qu'une grande partie des terrains des Fortifications déclassés a été mise à la disposition des *Municipalités* de huit arrondissements parisiens. Les œuvres créées par ces municipalités ont distribué à elles seules plus de 2.900 jardins.

Tel est l'ensemble de ce qui a été réalisé à Paris.

Pau

Fondée par M. Charles de Salverte en 1907, annexée à une Conférence de Saint-Vincent-de-Paul, aidée par la Municipalité qui lui prête une part des terrains qu'elle occupe, *l'Œuvre des Jardins ouvriers de Pau* compte aujourd'hui 93 jardins et songe à s'accroître pour répondre aux demandes nombreuses qu'entraine la loi de huit heures. Les jardins, d'une superficie de 4 ares, sont concédés aux familles à raison de 2 francs par mois et moyennant quelques engagements très simples, au nombre desquels figure celui de vivre en bon accord avec ses voisins et « pour reconnaître le bien reçu de l'œuvre, de donner, dans une limite raisonnable, aide et assistance à ceux qui en auraient besoin ». —Tandis que l'Œuvre a grand'peine à suffire aux demandes, *17 jardins militaires et sanitaires*, organisés pendant la guerre par M. de Salverte, ont été abandonnés faute d'effectifs.

Pithiviers.

Mme Louis Robert continue de diriger l'Œuvre qu'elle a fondée en 1901 et qui compte aujourd'hui 87 jardins dont la concession est toute gratuite. Les jardins, très demandés, sont parfaitement cultivés, sauf de rares exceptions.

Pontarlier.

La Société de Saint-Vincent-de-Paul de Pontarlier a fondé une œuvre de Jardins ouvriers qui vient en aide à 340 familles. « OEuvre très intéressante, écrit M. Henri Meunier; elle ne demande pas beaucoup de temps, et elle permet de demeurer en contact avec la classe ouvrière et de lui rendre de réels services. *Remède excellent contre la lutte des classes* ».

Reims.

Les Jardins ouvriers de Reims, si durement éprouvés par la guerre [1], ont pourtant repris vie. L'œuvre même ne désespère pas de remettre en état dans un avenir prochain les 40 jardins du Petit Bétheny, dont le sol creusé de tranchées et labouré d'obus, nécessite encore cependant des travaux préalables. « Les temps héroïques sont passés, dit la Présidente dans son rapport, les grandes difficultés commencent. Parmi nos bienfaiteurs plusieurs sont morts, d'autres ont quitté la ville; d'autres ne peuvent maintenir le taux de leur cotisation; et de nouvelles générosités sont difficiles à provoquer parmi les propriétaires de tant de ruines. D'autre part, les conditions nouvelles qui résultent pour les terrains à Reims de l'état de choses actuel, menacent d'expulsion nos anciens jardins, tandis que la fièvre de spéculation qui règne nous met dans l'impossibilité de trouver de nouveaux emplacements.. Cependant l'œuvre vit et elle vivra, car tous la sentent plus que jamais nécessaire. Mme Changeux songe à obtenir, en effet, la concesssion de terrains militaires dépendant des Forts de Reims [2], et elle espère, assistée désormais de Mme de Mun dans la direction de l'œuvre qu'elle à fondée, lui assurer en dépit des difficultés présentes un nouveau développement.

Rennes.

Renseignements intéressants fournis par *M. le chanoine Bruté de Rémur*, sur l'œuvre qu'il a fondée il y a vingt ans à Rennes et dont il vient récemment de confier la direction à la Conférence Saint-Vincent-de-Paul de Notre-Dame. Les jar-

1. V. plus haut p. 152.
2. A l'heure qu'il est cette concession a été accordée grâce, à l'intervention de la Ligue du C. T. F. auprès de M. le ministre de la Guerre.

dins, au nombre de 28, sont loués à l'année aux jardiniers pour la modeste somme de 15 francs, et cette location a moins pour but de couvrir les frais de loyer du terrain que de donner aux pères de famille l'impression qu'ils sont chez eux. Les résultats matériels sont excellents, grâce aux arbres fruitiers dont la récolte s'ajoute à celle des légumes : tel pommier a donné l'an dernier une barrique de cidre. Presque partout des fleurs. Depuis la loi de huit heures, beaucoup de demandes : le jardin est vivement désiré par l'ouvrier, qui ne sait que faire de ses heures de loisir, et plus encore par sa femme, qui craint qu'il ne les passe au cabaret.

A Rennes également, sur la route de Brest, 124 jardins fondés par *M. Etienne Pinault*, conseiller général d'Ille-et-Vilaine; la plupart de ces jardins, établis sur un terrain qui appartient à M. Pinault, sont concédés gratuitement aux familles les plus nombreuses.

Roubaix.

La population de Roubaix n'a pas oublié les bienfaits des 32.000 jardins qui l'ont aidée à soutenir les plus durs jours de l'occupation[1]. Et c'est pourquoi sans doute les créations de Jardins ouvriers ne cessent depuis lors de s'y multiplier. Autour des œuvres anciennes : *Jardins Populaires* qui comptent en 1920, sous la présidence de M. Droulers, huit groupes et 236 jardins et n'ont d'autre inquiétude que de voir les demandes se multiplier et les terrains se faire rares, *Jardins de l'Institut populaire* fondés par M. l'abbé Podvin, dirigés aujourd'hui par M. Diligent et comptant 500 jardins, *Jardins du Progrès* qui n'ont pas cessé non plus de s'accroître, des œuvres nouvelles se groupent, nombreuses : *Jardins pour Tous, Coin de Terre Roubaisien, Potagers Populaires, Jardins de la Sainte-Famille, Jardins Beaurepaire, Jardins Cordonnier, Jardins de la Rue d'Hem*... L'éclosion spontanée de toutes ces œuvres au lendemain de la guerre dit assez l'intensité des aspirations et des besoins auxquels elles répondent.

La Fédération des Jardins ouvriers, organisée sous la direction de M. Louis Watine, a pour but d'encourager et d'aider tous les efforts en les coordonnant.

1. V. plus haut, p. 178.

Rouen.

L'Association Rouennaise des Jardins ouvriers, fondée en 1905 et constituée sous forme d'association déclarée, compte 220 jardins répartis en trois groupes. Mais l'absence de terrains libres à proximité de la ville fait obstacle à son développement. Les terrains occupés par les jardins actuels sont eux-mêmes menacés par les projets de construction d'usines, garages, hangars, etc., et M. Sanguin se demande avec anxiété comment il sera possible de les remplacer, Rouen étant maintenant absolument entourée de gros faubourgs qui sont eux-mêmes de petites villes.

Sains-du-Nord.

Les Jardins ouvriers fondés en 1903 par M. A. Leroy continuent à se développer sous sa direction. Ils sont actuellement au nombre de 99 couvrant 3 hectares. L'OEuvre (Association déclarée affiliée à la Ligue) est locataire à bail du terrain qu'elle occupe ; elle ne demande aux familles qu'une faible rétribution ; quelques parcelles même sont gratuites.

Saint-Etienne.

Fondée par le R. P. Volpette à Saint-Etienne en 1894, aujourd'hui association déclarée affiliée à la Ligue du Coin de Terre, l'OEuvre n'a cessé depuis sa création de s'accroître et de se développer. Elle compte aujourd'hui 1.020 jardins répartis en 20 groupes. Une Caisse Rurale ouvrière, un Bureau de placement, une Coopérative d'achats, un Dispensaire pour les malades ont été adjoints successivement à l'organisation centrale : l'*Association pour le Jardin et le Foyer de l'ouvrier*, qui comprend, comme son nom l'indique, outre les jardins ouvriers proprement dits, tout un ensemble de logements ouvriers. La participation des ouvriers à l'administration des jardins, admirablement organisée d'ailleurs[1], donne d'excellents résultats. Pour répondre aux demandes qui se multiplient, 200 jardins nouveaux ont été créés depuis la loi de huit heures.

La création à Saint-Etienne de sociétés nouvelles de Jardins ouvriers, *Société de Roassieux*, *Société de Solaure*, *Société de la Rich'Land*, *Société du Sud-Ouest*, etc., prouve d'ailleurs

---

1. V. plus haut, p. 85.

à quel point l'ouvrier stéphanois apprécie cette façon d'occuper ses loisirs.

Des concours ont été établis par la Société d'Agriculture de la Loire et la Société d'Horticulture de Saint-Etienne entre les différentes sociétés et entre les jardiniers de toutes. L'Association pour le Jardin et le Foyer de l'ouvrier a été classée hors concours avec la médaille d'or; ses jardiniers ont obtenu 125 médailles et 40 mentions honorables.

Saint-Omer.

La *Société des Jardins ouvriers de Saint-Omer*, fondée en 1898 par *M. Lardeur-Becquerel*, est en voie de s'accroître considérablement sous sa persévérante direction. Non seulement, en effet, elle a élevé à 100 le nombre de ses jardins depuis la loi de huit heures; mais elle a obtenu de la Munipalité de Saint-Omer la vente à raison d'un franc le mètre d'un terrain de deux hectares traversé par une petite rivière à proximité de la ville. En ajoutant (grâce au boni laissé par la liquidation de la Société d'Habitations à bon marché et qui lui a été attribué), ce nouveau terrain à celui qu'elle possédait déjà, la Société des Jardins ouvriers se trouvera propriétaire de 3 hectares et demi; ainsi quatre-vingt jardins environ resteront à perpétuité à la disposition des familles nécessiteuses. Les terrains loués d'autre part par la Société s'augmentent aujourd'hui des terrains à bâtir provenant des anciennes fortifications, et que la ville met à la disposition de l'œuvre, en attendant qu'ils trouvent acquéreurs.

Saint-Sauveur (Somme).

A signaler la très intéressante initiative de la *Municipalité* de Saint-Sauveur qui, depuis 1902, lors de chaque arrachage d'arbres effectué sur le bien communal, distribue le terrain ainsi dégagé à ceux des habitants qui s'offrent à le défricher pour s'en faire un jardin. 72 parcelles ont été ainsi constituées sur le bien communal.

Seclin (Nord).

Les nombreux jardins créés pendant l'occupation cessant peu à peu d'exister par suite de la reprise des terrains par leurs propriétaires, l'Œuvre des Jardins ouvriers se voit dans l'impossibilité de satisfaire aux demandes qui lui sont journellement adressées. Elle compte aujourd'hui 110 jardins répartis en sept groupes. Une *Société d'Encouragement à l'achat d'un Coin de Terre*, une *Coopérative d'achats* en commun, une *Mutualité de Décès* qui intervient à la mort de tout jardinier ou de sa femme (chacun des tenanciers versant alors 1 franc), sont annexées à l'Œuvre des Jardins. M. Boidin se félicite du progrès constaté dans la culture depuis l'application de la loi de huit heures.

Sedan.

Au lendemain de la guerre, *l'Œuvre Terrienne Sedanaise* a reçu, sous forme d'un don de la Croix-Rouge américaine et d'une subvention de la Ville, la récompense des services rendus pendant l'occupation allemande[1]. Deux terrains récemment acquis grâce à ces libéralités lui ont permis de porter le nombre de ses jardins de 250 à 600.

Strasbourg.

Les premiers Jardins ouvriers furent créés à Strasbourg en 1908, par le Bureau de Bienfaisance, sur l'initiative de M. le Dr Garcin. En 1912, la Société d'Hygiène publique de Strasbourg fit entrer dans son programme la création de jardins ouvriers. A sa dissolution, en 1919, l'administration de tous les jardins créés tant en ville que dans la banlieue passa aux mains de la Municipalité de Strasbourg. La Mairie organisa à cet effet un office spécial, l'*Office Municipal des Jardins ouvriers*, dont les frais sont à la charge de la Ville. En même temps les jardiniers réunis constituèrent une *Société pour le développement des Jardins ouvriers*.

L'Office Municipal, dont la tâche est de nature purement administrative, s'occupe de fournir les terrains nécessaires (soit qu'ils appartiennent à la Ville, soit qu'elle les tienne en location, du Génie militaire ou des particuliers, à un taux généralement peu élevé). L'Office concède les jardins aux familles moyennant un loyer de 3 à 4 francs l'are. Pour compléter cette organisation, M. Georges Hecker, chef de l'Office Municipal et gérant de la Société pour le développement des jardins, a institué des *hommes de confiance*, choisis parmi les tenanciers de chaque groupe, et chargés de veiller à ce que toutes les parcelles soient bien cultivées et bien tenues ;

---

1. V. plus haut, p. 42 et p. 181.

cette institution assure le bon ordre et sert de lien entre les jardiniers et l'Office ou la Société. Cette Société pour le Développement des Jardins ouvriers, dont M. le Dr Burguburu est le président et M. Hecker le gérant, complète en effet l'OEuvre de l'Office Municipal ; elle se charge d'assurer à ses frais des jardins aux familles nombreuses, aux invalides, aux mutilés de guerre ; elle organise des conférences et donne des instructions pratiques touchant l'horticulture ; elle distribue des récompenses aux jardins bien cultivés.

Le progrès, sous ce rapport, est sensible depuis l'application de la loi de huit heures ; l'ouvrier consacre ses loisirs à son coin de terre, au lieu d'aller à l'auberge ou au cinéma.

Strasbourg compte, en 1920, 2.760 jardins, couvrant une surface de 108 hectares.

Considérant le bien-être social que ces jardins procurent et la valeur économique, hygiénique, éducatrice qu'ils représentent, la Société Strasbourgeoise émet le vœu que l'attention du Gouvernement soit attirée par le Congrès sur l'opportunité de mesures administratives générales ayant pour but le développement des Jardins ouvriers.

Ce vœu a été retenu par le Congrès [1].

Tourcoing.

Les Jardins ouvriers de Tourcoing, fondés en 1902 par la Conférence Saint-Vincent-de-Paul du Collège, sont administrés aujourd'hui par un Comité ayant à sa tête M. Dewavrin. Association déclarée, affiliée à la Ligue du Coin de Terre, l'OEuvre est propriétaire d'une partie des terrains qu'elle occupe, en tout 22 hectares, constituant 770 jardins, de 300 mètres pour la plupart (une soixantaine ont dû être divisés en deux pour suffire aux demandes durant l'occupation). Il est demandé une redevance de 10 francs, réduite à 5 francs pour les familles d'au moins cinq enfants. Les jardins sont bien cultivés et produisent une grande variété de légumes (M. Lehembre en compte 26 pour un jardin !). Un jardinier soigneux note sur son carnet pour l'été 1920 le détail et le prix de sa récolte : au total 461 fr. 90.

Il faut dire que l'excellent *Bulletin du Coin de Terre Tourquennois* publié sous la direction de MM. les abbés Drieux et Lehembre, fournit chaque mois au jardinier, sous la

1. V. plus haut, p. 115 et 166.

forme la plus simple et la plus pratique, tous les
conseils dont il a besoin pour la culture de son jardin. Il
lui apporte en même temps, dans un langage toujours ai-
mable et toujours élevé, quelques renseignements ou conseils d'ordre moral et social, et joint l'annonce des événe-
ments de la vie familiale des jardiniers aux nouvelles variées
qui concernent l'œuvre, créant entre elle et ses bénéficiaires
un lien vivant d'amitié. On peut dire que ce Bulletin réalise
le type parfait d'une publication de ce genre.

Tours.

L'Œuvre des Jardins ouvriers de Tours, fondée en 1898
par M. Pérafé, est aujourd'hui dirigée par un Comité présidé
par M. Clouet. Elle compte 205 jardins, couvrant plus de
5 hectares.

La belle *Œuvre de Saint-Symphorien, fondation de Mme
Siegfried,* qui en a fait donation à la Ligue, continue de
garder son souvenir. Les jardins récemment libres ont été
attribués à des familles nombreuses, et en particulier à des
veuves chargées de 5, 6 et jusqu'à 11 enfants.

Troyes.

La *Société des Jardins ouvriers de Troyes,* fondée en 1900
à la suite de l'Exposition universelle par M. Huguier-Truelle,
président du Bureau de Bienfaisance, compte 101 jardins
divisés en 4 groupes. Propriétaire de ces groupes, la Société,
grâce au legs de M. Millard, se trouve encore en possession
de 25.000 francs destinés à l'achat de nouveaux terrains,
achat momentanément irréalisable, tant les prix sont élevés.
Un des groupes de jardins (jardins Millard) a constitué une
tontine, déclarée selon la loi, et destinée à assurer à ses
membres des secours en cas de maladie, moyennant une cotisation de 0 fr. 25 par mois. M. Huguier-Truelle, qui continue malgré son grand âge à diriger activement l'œuvre qu'il
a fondée, se loue de la bonne tenue des jardins. Des primes
en argent et en outils ont été attribuées à la suite de l'Exposition horticole aux terrains les mieux cultivés. Les ouvriers
de Troyes ont à cœur de témoigner par leur travail leur
gratitude à l'excellent vieillard qu'ils aiment et vénèrent
comme leur plus grand bienfaiteur.

Valenciennes.

La *Société des Jardins ouvriers de Valenciennes*, fondée en 1897 par M. l'abbé Thellier de Poncheville et dirigée actuellement par M. Edmond Membré, compte aujourd'hui 152 jardins. La *Municipalité* de Valenciennes en a constitué provisoirement 527 sur l'emplacement des fortifications démantelées, et les met gratuitement à la disposition des ouvriers en attendant la mise en vente des terrains. Enfin la *Société d'Horticulture de Valenciennes*, qui s'est admirablement reconstituée depuis la guerre sous la direction de M. Plumecoq, s'intéresse activement au développement des Jardins ouvriers et donne ses encouragements, non-seulement dans l'arrondissement de Valenciennes, mais dans ceux d'Avesnes, Douai, Cambrai, et même dans le canton d'Hirson, à près de cinq mille jardins.

Vendôme.

M. Riverain, président du Syndicat des Agriculteurs de Loir-et-Cher, nous écrit de Vendôme :

« C'est en m'inspirant de vos idées que, très simplement et sans faire appel à des concours souvent difficiles à obtenir et à organiser, j'ai mis à la disposition des ouvriers d'usine de Vendôme 25 parcelles de terre de très bonne qualité, pour en faire des jardins potagers.... Le résultat obtenu est des plus encourageants, et c'est pourquoi j'ai voulu vous le faire connaître pendant le Congrès. »

Deux points sont particulièrement à signaler dans l'Œuvre due à cette généreuse initiative : 1° Le loyer annuel de 15 francs demandé à chaque famille pour une parcelle de 5 ares est réduit de 3 francs par enfant âgé de moins de 14 ans; 2° M. Riverain ne voulant retirer aucun bénéfice de l'emploi du terrain, les sommes provenant de cette location sont employées à l'achat d'engrais qui sont distribués au printemps par parts égales à tous les jardiniers.

Versailles.

L'Œuvre de Versailles continue à constituer une œuvre modèle sous la direction de M. Philippe. Propriétaire du plus beau des terrains qu'elle occupe, elle compte 326 jardins, admirablement cultivés. Le progrès est sensible à ce point de vue depuis la loi de huit heures : l'ouvrier consacre au jardin tous ses loisirs.

Une *Ecole Ménagère* adjointe aux Jardins ouvriers, réunit chaque semaine, sous la direction dévouée de Mlle Dormont, les jeunes filles des familles bénificiaires, et se donne particulièrement pour but de leur apprendre à tirer bon parti des légumes du jardin pour l'alimentation familiale.

Vitry-le-François.

Les Jardins ouvriers fondés en 1900 par M. l'archiprêtre Nottin sont rattachés à l'*Association Paroissiale de Vitry*, et dirigés par M. le vicaire Courtaux, assisté d'un Comité. Le nombre des jardins s'est accru notablement depuis l'application de la loi de huit heures; il n'arrive [point cependant à suffire aux demandes. Une *Coopérative* a été constituée pour acheter des engrais par l'intermédiaire du Comité. Des *Conférences* ont été faites aux jardiniers pour leur apprendre à tirer le meilleur parti du terrain qui leur est confié. Un essai de *Jardins d'écoliers* tend à compléter l'œuvre.

TABLEAU

DES

Œuvres Françaises de Jardins Ouvriers

Tableau des Œuvres Françaises de Jardins Ouvriers

DÉPARTEMENTS	LOCALITÉS	ŒUVRES	DATE de la fondation	NOMBRE des jardins	SURFACE de chaque jardin en m. q.	SURFACE TOTALE cultivée en hect., arés et m. q.
Ain	Bourg	Œuvre Municipale	1919	232	300	6 96
Aisne	Saint-Quentin	Société des Jardins Ouvriers	1920	280	200 à 800	10
Allier	Montluçon	Jardins Ouvriers de la Cie Electrique de la Loire et du Centre	1917	65	300	1 95
—	—	Jardins Ouvriers des Usines St-Jacques	1905	450	150 à 300	13
—	—	L'Union Horticole	1919	311	100 à 400	5 16 60
—	Moulins	Œuvre Diocésaine	1901	50	2 à 300	1 28
—	—	La Potagère des Etablissements Col	1919	100	200	2
Alpes Maritimes	Cannes	Conférence St-Vincent-de-Paul	1903	26	150 à 200	60
—	Nice	Jardins des Familles Nombreuses	1916	9	250 à 700	37
Ardennes	Charleville	Œuvre du Dr Roland	1908	138	500	7 30
—	—	Jardins de la Paix Sociale	1920	79	500	4
—	Sedan	Œuvre Terrienne Sedanaise	1891	724	350	26
Aube	Troyes	Société des Jardins Ouvriers	1900	101	300	3 08 35
Aude	Carcassonne	Conférence St-Vincent-de-Paul	1896	112	200	2 24
Aveyron	Decazeville	Jardins Ouvriers de la Cie Commentry-Fourchambault et Decazeville		206	300	6
Bas-Rhin	Strasbourg	Office Municipal des Jardins Ouvriers... Société pour le développement des Jardins Ouvriers...	1908	2760	200 à 500	108
Basses-Pyrénées	Bayonne	Œuvre Municipale	1921	14	550	77
—	—	Société Horticole de Bayonne	1920	11	400	45
—	Jurançon	Œuvre Paroissiale des Jardins Ouvriers	1912	52	400 à 450	2 15
—	Pau	Jardins Ouvriers de Pau	1907	93	350 à 400	3 70
Belfort (territ. de)	Morvillars, Grandvillars,	Jardins Ouvriers des Forges de		570	400	22 80
	Méziré, Froidefontaine.	Morvillars	1820	570	400	22 80
Bouches-du-Rhône	Marseille	Œuvre des Jardins de Famille	1910	251	200	5 50
—	—	Assistance par le Travail	1903			
—	Miramas	Œuvre Paroissiale	1916	24	100	24
Calvados	Caen	Société d'Habitations à Bon Marché	1905	8	300 à 400	30
—	—	Œuvre de M. Villey		27	300 à 400	1 70
—	Lisieux	Œuvre Municipale	1903	43	200	86
Charente	Angoulême	Jardins Ouvriers de la Maison Frédéric Fouché	1919	7	500	35
Charente-Infér	La Rochelle	Société des Jardins Ouvriers	1899	181	250 à 300	5
Côte-d'Or	Dijon	Section Dijonnaise de la Ligue du Coin de Terre et du Foyer	1903	385	300	12 14 34
Doubs	Audincourt, Beaulieu, Sochaux	Jardins Ouvriers de la Société Peugeot	1900	1390	130 à 240	26 38
—	Pontarlier	Société Saint-Vincent-de-Paul	1904	340	80 à 100	3
—	Saint-Claude	Œuvre Paroissiale	1907	30	250	80
Eure	Louviers	Fondation Petit-Frontin	1878	92	200	1 88 95
Eure-et-Loir	Dreux	Le Coin de Terre de Dreux	1907	15	350	52 31
—	Chartres	Société des Jardins Ouvriers	1920	42	300	1 46
Gard	Nîmes	Société des Jardins Ouvriers	1901	219	200	4 50
—	—	Œuvre Diocésaine des Jardins Ouvriers	1905	70	300	2 10
Gironde	Bordeaux	Société Bordelaise d'Habitations à Bon Marché	1905	195	250	5
Hautes-Alpes	Gap	Ligue Haute-Alpine du Coin de Terre et du Foyer	1901	14	300	42
Haute-Garonne	Toulouse	Le Coin de Terre Toulousain	1907	20	300	60
—	—	Société Saint-Vincent-de-Paul	1898	30	300	1

Tableau des Œuvres Françaises de Jardins Ouvriers (*suite*)

DÉPARTEMENTS	LOCALITÉS	ŒUVRES	DATE de la fondation	NOMBRE des jardins	SURFACE de chaque jardin en m. q.	SURFACE TOTALE cultivée en hect., ares et m. q.
Haute-Garonne....	Toulouse................	Jardins Ouvr. de la Maison Vidal	1921	30	200	60
Haute-Loire.......	Le Puy.................	Conférence St-Vincent-de-Paul..	1898	61	200 à 300	1 57
Haute-Marne......	Chaumont...............	Conférence Saint-Jean..........	1898	18	300	52
Hautes-Pyrénées..	Bagnères-de-Bigorre.....	Conférence St-Vincent-de-Paul..	1899	10	400	40
Haute-Vienne.....	Limoges................	Association des Jardins Ouvriers.	1905	350	200	8 50
Ille-et-Vilaine.....	Rennes................	Conférence St-Vincent-de-Paul..	1899	28	300	84
—	—	OEuvre de M. Pinault...........	1909	124	150 à 300	2 20
Indre-et-Loire.....	Tours.................	Société des Jardins Ouvriers....	1898	205	200 à 300	5 56 54
—	—	Fondation Siegfried à Saint-Symphorien.....................	1913	78	200	1 56
Isère.............	Grenoble...............	Ligue Dauphinoise du Coin de Terre et du Foyer............	1905	98	250	2 50
—	Vienne.................	Jardins Ouvriers des Etablissements Réunis.................	1919	120	300 à 500	4 50
Jura.............	Lons-le-Saunier........	Section Lédonienne de la Ligue du Coin de Terre et du Foyer.	1900	118	225 à 450	3 74 50
Loir-et-Cher......	Blois.................	Société Blésoise des Jardins Ouvriers.....................	1903	165	380	6 40
—	Vendôme..............	OEuvre de M. Riverain..........	1919	25	517	2
Loire.............	Charlieu..............	Association des Jardins Ouvriers.	1905	72	150 à 200	1 50
—	Montbrison............	Cercle d'Etudes Religieuses et Sociales....................	1907	45	200	89
—	Saint-Bonnet-le-Château.	OEuvre de l'Hospice de Saint-Bonnet.......................	1908	70	130	91

DÉPARTEMENTS	LOCALITÉS	ŒUVRES	DATE de la fondation	NOMBRE des jardins	SURFACE de chaque jardin en m. q.	SURFACE TOTALE cultivée en hect., ares et m. q.
Loire.............	Saint-Chamond..........	Société Amicale des Jardins Ouvriers de Saint-Chamond......	1917	230	400	10
—	Saint-Etienne..........	Association pour le Jardin et le Foyer de l'Ouvrier...........	1894	1020	300	30
—	—	Société des Jardins Ouvriers de la « Rich'Land »...............	1918	347	250 à 300	10
—	—	Société des Jardins Ouvriers de Roassieux....................	1919	310	250	8
—	—	Société des Jardins Ouvriers de Solaure....................	1919	190	350	7
—	—	Société des Jardins Ouvriers du Casino....................	1916	56	350	2
—	—	Société des Jardins Ouvriers du Sud-Ouest....................	1920	200	450	9 90
—	—	Société des Jardins Ouvriers de Bizillon-le-Haut..............	1921	45	700	3 50
—	—	Société des Jardins Ouvriers des Marronniers..................	1921	98	400	4
Loire-Inférieure...	Nantes.................	OEuvre Municipale du Jardin Familial......................	1916	50	300	1 50
Loiret............	Orléans................	Association des Jardins Ouvriers.	1897	300	200 à 250	6 50
—	Pithiviers..............	OEuvre de Mme Louis Robert...	1901	87	200	1 75
Lozère............	Mende.................	OEuvre diocésaine des Jardins Ouvriers.....................	1892	24	100	24
Marne............	Reims.................	Société des Jardins Ouvriers....	1898	61	300	1 86
—	Vitry-le-François........	Association Paroissiale..........	1900	70	700	5
Mayenne..........	Laval.................	Syndicat des Jardins Ouvriers...	1917	125	120 à 130	3
Meurthe-et-Moselle.	Nancy.................	Société des Jardins Ouvriers de la Ville...................	1896	180	300	5 40
—	—	OEuvre Nancéienne d'Assistance par le Jardin................	1900	240	250	6 00 67
—	—	Jardins Ouvriers des Familles Nombreuses...................		453	250 à 300	13 23 70
Morbihan.........	Hennebont.............	OEuvre de M. Chevassu........	1898	12	400	48
Nièvre............	La Machine.............	Jardins Ouvriers de la Maison Schneider...................		113	300	3 39

Tableau des Œuvres Françaises de Jardins Ouvriers (*suite*)

DÉPARTEMENTS	LOCALITÉS	ŒUVRES	DATE de la fondation	NOMBRE des jardins	SURFACE de chaque jardin en m. q.	SURFACE TOTALE cultivée en hect., ares et m. q.
Nord	Aniche	Jardins Ouvriers de la Cie des Mines		1500	200	30
—	Anzin	Œuvre Municipale	1906	48	300	1 50
—	Armentières	Union Syndicale des Jardins Ouvriers	1907	45	600	2 47 50
—	Avesnes	Le Coin de Terre Avesnois	1905	35	300	1
—	—	Société des Jardins Ouvriers	1908	24	900	2
—	Bergues	Société des Jardins Ouvriers	1904	23	400 à 800	61 86
—	Cambrai	Le Coin de Terre Ouvrier Cambrésien	1908	102	350 à 400	3 50
—	—	Société des Jardins Ouvriers	1907	105	300	3
—	Croix	Jardins Ouvriers de Croix	1905	160	250	4 20
—	Denain	Jardins Ouvriers des Forges et Aciéries de Denain et d'Anzin	1881	520	300 à 350	17 90 67
—	—	Société des Jardins Ouvriers	1897	160	300	4 80
—	Douai	Œuvre Municipale	1911	280	250	7
—	Dunkerque	Œuvre Municipale		600	200 à 300	16
—	Fourmies	Association des Cités-Jardins	1908	160	300	5
—	Gravelines	Jardins Ouvriers de la Ville	1906	377	250 à 300	10 71
—	Haubourdin					
—	Hautmont	Société d'Horticulture d'Hautmont	1910	20	200	40
—	Hazebrouck	Société Hazebrouckoise d'Habitations à Bon Marché et de Jardins Ouvriers	1898	30	150	45
Nord	Jeumont	Cercle Horticole Jeumontois	1908	18	200	36
—	Le Cateau	Œuvre des Jardins Ouvriers	1898	70	400	3 16 62
—	Lens	Jardins et Plantations de la Société des Mines de Lens	1851	250	250	6 25
—	Le Quesnoy	Œuvre des Jardins Ouvriers	1905	23	320	75
—	—	Société Municipale des Jardins Ouvriers	1920	200	300 à 350	4
—	Lesquin	Œuvre Municipale des Jardins Ouvriers	1919	50	330	1 70 77
—	Lille	Œuvre Lilloise des Jardins Ouvriers	1906	1027	300	30 80
—	Loos	Association Loossoise des Jardins Ouvriers	1907	126	300	3 50
—	—	Œuvre des Jardins Ouvriers Communaux	1916	131	200 à 300	3 60 10
—	Lourches	Jardins Ouvriers de la Cie des Mines de Douchy		781	500 à 600	45 64 89
—	Maing	Œuvre Paroissiale	1912	70	500 à 900	4 21
—	Maubeuge	Cercle Horticole de Maubeuge	1906	160	250 à 300	4 36 93
—	Pérenchies	Jardins Ouvriers des Etablissements Agache	1911	38	300	1 14
—	Raches	Œuvre Paroissiale	1902	4	300	12
—	Roubaix	Jardins Ouvriers de l'Institut Populaire	1902	500	250 à 300	16
—	—	Jardins Populaires	1906	186	150 à 300	5 04
—	—	Jardins pour Tous	1918	329	200 à 300	8 60
—	—	Jardins du Progrès	1909	74	200 à 300	1 90
—	—	Jardins de la Sainte-Famille		50	300	1 50
—	—	Potagers Populaires		50	250	1 39
—	—	Jardins Beaurepaire		23	150	40
—	—	Jardins Cordonnier	1915	34	235	80
—	—	Jardins de la Rue d'Hem	1917	64	120	80
—	Rousies	Jardins Ouvriers de Rousies	1912	65	150 à 500	2
—	Sains-du-Nord	Société des Jardins Ouvriers	1903	99	300	3
—	Saint-Amand-les-Eaux	Le Coin de Terre et le Foyer	1910	20	300	60
—	Seclin	Société des Jardins Ouvriers	1909	110	300 à 320	4

Tableau des Œuvres Françaises de Jardins Ouvriers (*suite*)

DÉPARTEMENTS	LOCALITÉS	ŒUVRES	DATE de la fondation	NOMBRE des jardins	SURFACE de chaque jardin en m. q.	SURFACE TOTALE cultivée en hect., ares et m. q.
Nord	Solesmes	Société d'Horticulture	1896	114	400	4 56
—	Thumesnil	Œuvre Paroissiale	1904	29	150 à 300	66
—	Tourcoing	Le Coin de Terre et le Foyer Tourquennois	1902	780	300	22
—	Valenciennes	Société des Jardins Ouvriers	1897	180	300	5 40
—	—	Œuvre Municipale		527	325	18
—	Wattrelos	Jardins du Cercle Horticole	1898	110	100 à 150	3
—	—	Société des Jardins Ouvriers du Vélodrome	1917	114	300	2 92
—	—	Jardins Populaires	1911	50	400	2
—	—	Jardins Ouvriers Dhalluin	1920	48	500	2 50
Oise	Beauvais	Œuvre des Jardins Ouvriers de l'Oise	1878	1200	600 à 800	80
—	Chantilly	Œuvre Municipale	1882	206	150 à 300	5 27
—	Compiègne	Office Central des Œuvres de Bienfaisance	1905	294	400	11 76
—	Creil	Jardins Ouvriers de Creil	1904	13	350 à 400	50
—	Montataire	Société de Tempérance	1909	180	200	3 60
Pas-de-Calais	Arques	Œuvre Municipale	1907	271	300 à 600	13
—	Berck-sur-Mer	Œuvre Municipale	1919	65	340	2 21
—	Boulogne-sur-Mer	Section Boulonnaise de la Ligue du Coin de Terre et du Foyer	1911	372	300	10 50
—	—	Jardins Ouvriers de la Ville de Boulogne	1914	225	300	6 75
Pas-de-Calais	Boulogne-sur-Mer	Jardins Ouvriers du Bureau de Bienfaisance	1899	52	300	1 56
—	—	Jardins Ouvriers de la Paroisse Saint-Pierre	1898	27	300	81
—	Calais	Jardins Ouvriers du Fort Niculay	1912	80	200 à 250	1 90
—	Desvres	Œuvre Municipale	1920	55	200 à 400	3
—	Etaples	Œuvre Paroissiale	1909	72	400 à 450	3
—	St-Martin-lez-Boulogne	Œuvre Paroissiale	1903	53	300	1 59
—	Saint-Omer	Société des Jardins Ouvriers	1898	100	300	3
—	Saint-Pol-sur-Ternoise	Œuvre Municipale	1912	56	500	2 80
Puy-de-Dôme	Clermont-Ferrand	Le Coin de Terre Clermontois	1897	71	220	1 56
—	Clermont-Ferrand-Chamalières	Œuvres sociales des Etablissements Bergougnan	1913	116	200	2 32
—	Riom	Conférence St-Vincent-de-Paul	1900	7	225	16 80
Pyrénées-Orient	Perpignan	Œuvre du capitaine Dieudé	1908	84	214	1 80
Rhône	Lyon	Œuvre lyonnaise des Jardins Ouvriers	1899	1013	150	15
—	—	Jardins Ouvriers Municipaux	1917	1500	150	25
—	—	Jardins Ouvriers de la Cie du Gaz	1919	175	250	4 37 50
—	Lyon-Monplaisir-La-Plaine	Société des Ateliers de Constructions Electriques de Lyon et du Dauphiné	1917	44	260	1 15
Saône-et-Loire	Châlon-sur-Saône	Jardins Ouvriers de la Maison Schneider		126	300	3 80
—	Le Creusot	Jardins Ouvriers de la Maison Schneider		1553	300 à 400	12 50
Sarthe	Le Mans	Société des Jardins ouvriers	1900	300	300	10
Seine	Paris	Société des Jardins Ouvriers de Paris et Banlieue	1904			
		Paris :				
—	—	Rue Mirabeau	1905	9	200	18
—	—	Rue Narcisse-Diaz	1905	8	200	16
—	—	Rue Vergniaud	1910	4	110	4 40
		Banlieue Nord :				
—	—	Porte du Point-du-Jour	1917	35	200	70
—	—	La Celle-Saint-Cloud	1921	22	300	66

Tableau des Œuvres Françaises de Jardins Ouvriers (*suite*)

DÉPARTEMENTS	LOCALITÉS	ŒUVRES	DATE de la fondation	NOMBRE des jardins	SURFACE de chaque jardin en m. q.	SURFACE TOTALE cultivée en hect., ares, et m. q.
Seine	Paris	Courbevoie	1907	18	200	36
—	—	Asnières	1908	210	100	2 10
—	—	St-Ouen : Boulevard Biron	1905	50	110 à 120	60
—	—	Groupe Léon Thelier	1909	83	150 à 225	1 66
—	—	Groupe Maurice Pornin	1917	50	150 à 225	1
—	—	Groupe Goury du Roslan	1918	52	150 à 225	1 04
—	—	Groupe Jeanne d'Arc	1908	40	130 à 140	54
—	—	Groupe Germaine	1910	24	170	50
—	—	Pantin-Aubervilliers	1906	62	125	77 50
—	—	Groupe des Courtillières	1921	163	125	2 03 75
—	—	La Villette-Pantin	1921	18	200	36
—	—	Forts de Saint-Denis	1910	550	250	13 75
—	—	*Banlieue Sud :*				
—	—	Alfortville	1906	114	100 à 200	2 68 88
—	—	Choisy-le-Roy	1906	99	120 à 140	1 30
—	—	Thiais	1910	15	120 à 140	20
—	—	Ivry : Hospice et Fort d'Ivry	1909	300	150 à 180	5
—	—	— Rue Carnot	1910	43	100	43
—	—	Poterne des Peupliers	1919	26	120	31 20
—	—	Kremlin-Bicêtre : Groupe Jean Saleilles	1914	26	130	34 19

DÉPARTEMENTS	LOCALITÉS	ŒUVRES	DATE de la fondation	NOMBRE des jardins	SURFACE de chaque jardin en m. q.	SURFACE TOTALE cultivée en hect., ares, et m. q.
Seine	Paris	Fort de Bicêtre	1920	300	300	9
—	—	Arcueil	1913	66	100	66
—	—	Montrouge	1912	250	130	3 25
—	—	Fort de Montrouge	1920	249	130	3 24
—	—	Fort de Châtillon	1921	36	300	1 08
—	—	Porte de Vanves	1917	73	175	1 27 75
—	—	Fort de Vanves	1920	70	300	2 10
—	—	Issy : Porte de Versailles	1917	40	110 à 120	46
—	—	— Groupe des Pet. Ménages	1916	65	110 à 120	74 75
—	—	Fort d'Issy	1920	190	250 à 500	5 67 50
—	—	Société Charitable des Jardins Ouvriers de Saint-Vincent-de-Paul	1910	800	140	11 20
—	—	Jardins Potagers du XIIe arr.	1917	300	150 à 200	5
—	—	Jardins des Fortifications du XIIIe arr.	1917	318	200	6
—	—	Jardins Potagers du XIVe arr.	1917	258	420	11
—	—	Association des Jardins Potagers du XVe arr.	1917	235	150	3 52 50
—	—	Jardins Ouvriers du XVIIe arr.	1917	600	100 à 200	70
—	—	Jardins Potagers du XVIIIe arr.	1917	385	180	9 34
—	—	Jardins Potagers du XIXe arr.	1917	219	250 à 300	6
—	—	Jardins Ouvriers du XXe arr.	1920	400	120	4 80
—	Bourg-la-Reine	Œuvre Municipale	1913	65	300	2
—	Clichy	Société des Jard. Ouv. de Clichy	1916	550	200	11
—	La Courneuve	Jardins Ouvriers de la Société Française de Construction	1920	67	200 à 250	1 46 50
—	Saint-Ouen	Jardins Ouvriers des Réformés n° 2 et de la Croix-Rouge du XVIIIe arr.	1916	112	150	2 50
—	Sceaux	La Rûche Mutualiste	1913	43	400 à 500	2
Seine-et-Marne	Champagne-sur-Seine	Jardins Ouvriers de la Maison Schneider		225	300	6 75
—	Melun	Société des Jardins Ouvriers	1907	50	200 à 250	1 20
Seine-et-Oise	Corbeil	Jardins Ouvriers de la Société Decauville	1921	28	500	1 40

Tableau des Œuvres Françaises de Jardins Ouvriers (suite)

DÉPARTEMENTS	LOCALITÉS	ŒUVRES	DATE de la fondation	NOMBRE des jardins	SURFACE de chaque jardin en m. q.	SURFACE TOTALE cultivée en hect., ares et m. q.
Seine-et-Oise......	Etampes................	Jard. Ouv. de la Caisse d'Epargne	1907	14	300	42
—	Marines..............	Société des Jardins Ouvriers....	1920	12	400	50
—	Saint-Cloud...........	Œuvre de M. Bertinot.........	1912	11	150	16
—	Versailles.............	Société des Jardins Ouvriers....	1901	326	133	4 86
—	Ville d'Avray..........	Œuvre des Jardins Ouvriers....	1909	18	100	18
Seine-Inférieure...	Déville-lès-Rouen........	Jardins Ouvriers de la Filature Saint-Pierre de Déville.......		108	130	1 50
—	Eu..................	Société des Jardins Ouvriers....	1907	45	210	94 50
—	Le Havre..............	Société des Jardins de Frileuse.	1906	900	325	30
—	—	Jardins Ouvriers de la Maison Schneider..................		400	200 à 360	10
—	Le Trait..............	Jardins Ouvriers des Ateliers et Chantiers de la Seine-Maritime.	1919	258	250 à 500	8
—	Rouen................	Association Rouennaise des Jardins Ouvriers................	1905	220	250	5
—	Saint-Wandrille-Rançon.	Jardins Ouvriers de la Société Industrielle de Caudebec-en-Caux	1917	35	100 à 200	50
Somme..........	Abbeville..............	Œuvre Paroissiale............	1904	217	400	8 70
—	Amiens...............	Association Amiénoise des Jardins Ouvriers................	1902	105	450	4 96 92
—	—	Conférence Saint-Vincent-de-Paul de la Paroisse Saint-Firmin...	1899	18	400	72
—	—	Jardins Ouvriers de l'Association Michelet..................	1897	37	500 à 600	2 09 58

DÉPARTEMENTS	LOCALITÉS	ŒUVRES	DATE de la fondation	NOMBRE des jardins	SURFACE de chaque jardin en m. q.	SURFACE TOTALE cultivée en hect., ares et m. q.
Somme..........	Amiens...............	Jardins Ouvriers du Collège St-Martin.....................	1899	59	400	2 66
—	—	Jardins Ouvriers de M. Trancart.	1896	42	450	1 96
—	—	Association des Anciens Elèves de l'Ecole communale du Faubourg de Hem...............	1904	18	400 à 500	84 53
—	—	Association des Anciens Elèves de l'Ecole communale du Faubourg Saint-Pierre...........	1917	25	400	1 05 50
—	Daours................	Œuvre Municipale............	1876	70	700	4 90
—	Doullens..............	Association des Jardins Ouvriers.	1905	48	420	2
—	Moreuil..............	Œuvre des Jardins Ouvriers....		46	600	2 76
—	Péronne..............	Œuvre Municipale............	1919	43	200	1
—	Saint-Sauveur..........	Jardins Communaux...........	1902	72	800	5 76
Tarn.............	Briatexte.............	Association Saint-Charles.......	1905	16	150	24
—	Carmaux..............	Jardins Ouvriers de la Société des Mines...................		859	1000 à 1200	100 57 64
Var.............	La Londe-les-Maures....	Jardins Ouvriers de l'Usine Schneider..................	1913	51	160	81 60
Vosges..........	Epinal................	Œuvre Municipale............	1906	90	200	1 80
—	Remiremont............	Œuvre de M. Richard.........		20	450	90
Algérie..........	El-Biar...............	Le Coin de Terre et le Foyer....	1906	10	300 à 4000	1 10

TOTAUX ET MOYENNES

58	174	236	47375	266 m. q.	1266h 42a 42mq
Départements possèdent des Jardins Ouvriers.	Localités possèdent des Jardins Ouvriers.	Œuvres ont créé des Jardins ouvriers.	Nombre total des Jardins.	Surface moyenne par Jardin.	Surface totale cultivée.

Note explicative concernant la précédente statistique

Limitée aux Jardins ouvriers proprement dits, cette statistique ne s'étend pas aux nombreuses œuvres de maisons ouvrières, cités-jardins, habitations à bon marché, etc., où le jardin a sa place, mais où il n'apparaît qu'à titre de complément du logement.

C'est pourquoi nous avons le regret de ne pouvoir noter ici les initiatives remarquables qui nous ont été signalées en ce sens, notamment de la part de grandes Compagnies et Sociétés Industrielles, où s'affirme de plus en plus le juste et généreux souci d'assurer aux ouvriers qu'elles emploient, avec une habitation saine et normale, le jardin où s'alimente et s'épanouit la famille.

C'est par milliers qu'il faudrait compter les créations réalisées dans cet esprit par nos grandes Compagnies : *Cie du Chemin de fer du Nord, Cie des Mines de Bruay, Cie de Béthune, Société Houillère de Liévin, Société des Forges et Aciéries du Nord et de l'Est. Fonderie Nationale de la Marine, Société des Forges Saint-Hippolyte, Société de Travaux Dyle et Baccalan, Société des Mines de la Loire, Société française de la Viscose*, etc.

D'autres grandes Sociétés, telles la *Société des Mines de Lens*, la *Société des Forges et Aciéries de Denain et d'Anzin*, la *Cie des Mines d'Aniche*, la *Société des Usines Schneider*, la *Société Commentry-Fourchambault et Decazeville*, la *Société Industrielle de Caudebec-en-Caux*, joignent à des réalisations semblables en ce qui concerne le logement et ses dépendances, la création de jardins ouvriers proprement dits, détachés de l'habitation, et signalés à ce titre dans notre statistique.

Mais, qu'elles rentrent ou non dans le cadre propre de nos œuvres, de telles initiatives sont animées du même esprit et collaborent au même but. La Ligue du Coin de Terre et du Foyer se plaît à leur rendre un fraternel hommage, en souhaitant qu'elles se multiplient de plus en plus nombreuses sur la terre de France, pour le progrès moral et social de l'ouvrier et pour le bien de la famille.

AVIS

Nous rappelons qu'on peut trouver au Siège Social de la Ligue du Coin de Terre et du Foyer, 26, rue Lhomond, Paris (V^e) toutes indications concernant les divers modes d'adhésion à la Ligue, Fédération des Jardins Ouvriers de France, la constitution de Sociétés de Jardins Ouvriers sous les différentes formes qu'elle peut revêtir, et l'organisation pratique de l'œuvre (modèles de statuts, règlement des jardins, etc.) ainsi que tous les renseignements qui s'y rattachent.

TABLE DES MATIÈRES

	Pages
Organisation du Congrès	5
Questionnaire	6
Horaire et programme	12
Liste des adhérents	15

PREMIÈRE SÉANCE

LES JARDINS OUVRIERS PENDANT LA GUERRE
SITUATION GÉNÉRALE DE L'ŒUVRE

Allocution de M. l'Abbé Lemire	28
Rapport de M. Ch. Droulers	32
I. Jardins Militaires	33
II. Jardins des Pays envahis	40
III. Situation générale de l'OEuvre	43
Discours de Mgr Julien	49

DEUXIÈME SÉANCE

LES JARDINS OUVRIERS ET LA DÉCONGESTION DES VILLES

Discours de M. G. Noblemaire	60
Rapport de M. R. Georges-Picot	70
Causerie de M. Duval-Arnould	73
Réunion Spéciale des Directeurs d'Œuvres	85

TROISIÈME SÉANCE

LES JARDINS OUVRIERS ET LA LOI DE HUIT HEURES

Allocution de M. Isaac	91
Rapport de M. Dupont	94

QUATRIÈME SÉANCE

LES JARDINS OUVRIERS ET LA VIE CHÈRE

	Pages
Rapport de M. Dumur............................	118
Discours de M. Queuille..........................	129

SÉANCE DE CLOTURE

Hommage à M. Poincaré par M. l'Abbé Lemire.......	142
Résumé des Travaux du Congrès par M. R. Georges-Picot..	143
Souvenir des Pays envahis (Mme Reboux)............	151
Honneur aux Jardiniers de Reims (Mme Changeux)...	152
Salut des Jardins Ouvriers d'Alsace (M. Burguburu)...	153
Allocution de M. l'Abbé Lemire......................	153
Discours de M. Poincaré............................	157
Vœux émis par le Congrès..........................	163

NOTES ET RAPPORTS PRÉSENTÉS AU CONGRÈS
(*Extraits*).

Rapport général de M. Samin sur la création et l'organisation des Jardins Potagers Militaires..........	169
Rapport du Commandant Brier sur les Jardins Potagers du Dépôt du 62e Rég. d'Inf. à Lorient.............	174
Rapport de M. Cl. Brun sur les Jardins de la Subdivision de Marseille..................................	175
Développement des Jardins Ouvriers dans les pays envahis...	177
Rapport de M. L. Watine sur l'organisation des Jardins créés à Roubaix pendant l'occupation.............	178
Situation présente des OEuvres de Jardins Ouvriers en France..	182
Tableau des Œuvres françaises de Jardins Ouvriers...	209
Note explicative concernant la précédente statistique...	223
Avis...	224

LA ROCHE-SUR-YON

IMPRIMERIE CENTRALE DE L'OUEST

56-60, RUE MARÉCHAL-PÉTAIN, 56-60